Franz Kafka

Člověk své i naší doby

寻找卡夫卡

他属于
我们每个时代

［捷］拉德克·马利 著
［捷］蕾娜塔·富契科娃 绘　　卢盈江 译

中信出版集团 | 北京

图书在版编目（CIP）数据

寻找卡夫卡 /（捷）拉德克·马利著；（捷）蕾娜塔·
富契科娃绘；卢盈江译 . -- 北京：中信出版社，
2019.8
　书名原文：Franz Kafka
　ISBN 978-7-5217-0872-1

Ⅰ . ①寻… Ⅱ . ①拉… ②蕾… ③卢… Ⅲ . ①卡夫卡
(Kafka, Franz 1883-1924) – 传记 Ⅳ . ① K835.215.6

中国版本图书馆 CIP 数据核字 (2019) 第 159714 号

寻找卡夫卡

著　　者：［捷］拉德克·马利
绘　　者：［捷］蕾娜塔·富契科娃
译　　者：卢盈江
出版发行：中信出版集团股份有限公司
　　　　　（北京市朝阳区惠新东街甲4号富盛大厦2座　邮编　100029）
承 印 者：鸿博昊天科技有限公司

开　　本：787mm×1092mm　1/16　　　印　张：7　　字　数：103千字
版　　次：2019年8月第1版　　　　　　印　次：2019年8月第1次印刷
京权图字：01-2018-5962　　　　　　　广告经营许可证：京朝工商广字第8087号
书　　号：ISBN 978-7-5217-0872-1
定　　价：68.00元

版权所有·侵权必究
如有印刷、装订问题，本公司负责调换。
服务热线：400-600-8099
投稿邮箱：author@citicpub.com

弗兰茨·卡夫卡
他属于我们每个时代

目　录

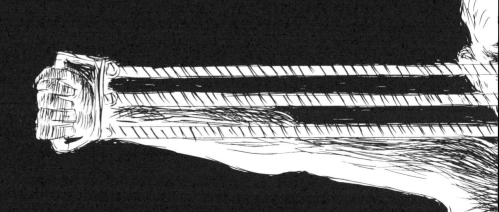

序

卡夫卡是 20 世纪文坛最具影响力的人物之一。在他逝世后近 100 年间，他对混乱的、个体难以理解的现代世界中人类的存在和命运独一无二的看法，让全世界范围内一代又一代的读者深感不安。

弗兰茨·卡夫卡和他短暂的一生体现了 20 世纪欧洲中部地区生活的多样性和独特性。卡夫卡出生于捷克首都布拉格的一个犹太家庭，用德语写作，上过德国学校，但在捷克的环境中度过了一生。差异意识、孤独感、被排斥感、孤立感贯穿着他最有名的长篇小说和短篇小说。卡夫卡笔下主人公生活的世界与他自己的生活紧密融合在一起，表达了卡夫卡对于外部世界及其统治力量的无力感。卡夫卡的一生短暂而孤独，最后因患上了不治之症而结束。他凭借极富创造力的方式，把自己所经历过的强烈情感用在了文学人物身上。

卡夫卡生前只出版了几部短篇小说，他在遗嘱中要求销毁所有未出版的作品。所幸他未能如愿。他的书直到二战之后才出版，其深度和形式深深吸引了世界各国的读者。卡夫卡笔下生活在绝望世界里的人物，其实是在越来越难以理解的世界里生活的现代人的生动写照。就这方面而言，一战过后，弗兰茨·卡夫卡就已经远远跨出了自己深爱的布拉格和中欧的边界，成了世界级的文学巨匠，直至今日还在影响我们时代的知识氛围。

我很高兴，现在中国的读者、世界上人口最多的国家的文化受众也有机会

通过《寻找卡夫卡》这本书进一步了解这位世界闻名的捷克文化名人。虽然我知道，卡夫卡对中国的读者来说并不陌生，但我认为，与当今中国社会相去甚远的文化差异和完全不同的时代特征，会使卡夫卡的深刻内涵难以被理解和接受。因此，我们为这本书起名——"寻找卡夫卡"。

我相信，对于许许多多中国游客来说，这样的寻找并不费力，他们之中有些人已经到过布拉格、亲身感受过小路窄巷、哥特式及巴洛克式教堂和宫殿营造出的独特氛围。对于其他人来说，他们可以把这本书当成拜访弗兰茨·卡夫卡故乡的邀约。他们将受到热烈欢迎。

近年来，中捷关系高度发展。1993 年，我成为捷克共和国的首位总理并于次年首次访华；十年之后，我又以捷克共和国总统的身份再次访华。此后，中捷两国之间全方位合作的广度、深度成倍增长，质量不断提升。我很高兴，我们的合作并未止步于贸易和投资领域，文化交流和人际关系发展也得到了关注。

我相信，《寻找卡夫卡》的中文版是迈向这条道路的正确一步。

理解卡夫卡 —— 来自捷克的文化邀约

捷克共和国前总统 瓦茨拉夫·克劳斯
2019 年 7 月 24 日

"卡夫卡热"

背后：

不愿出名的

作家

历史名城布拉格——今天捷克共和国的首都，可以说是举世闻名。这里精彩纷呈，来自世界各地的游客络绎不绝。气势恢宏的华丽教堂、令人叹为观止的现代建筑、触手可及且出奇美丽的自然风光，还有一百多万对生活颇为满意的布拉格人。每年有多于当地居民数量五倍的游客慕名前来，但吸引他们的却另有他物：布拉格城堡、查理大桥……当然，还有弗兰茨·卡夫卡。

要是在布拉格老城里走对了地方，你就能以各种各样的方式邂逅卡夫卡：明信片上，T恤衫上，火柴盒上，咖啡馆的名字里，又或者是在一位套着宽大外衣的小个子男人的铜像上。甚至在一些地方，你还会有种错觉，这座城市在被卡夫卡控制着。另外，卡夫卡的书也卖得相当不错，但它们还是不如他的形象。他标志性的存在，让布拉格闻名于世，以他为主题的书籍数不胜数，也更加出名一些。

让我们总结一下那些受过教育，但还没有看过关于卡夫卡的大部头著作的人对卡夫卡的认知。

1.　犹太作家，生于布拉格，用德语写作。

2.　在他写的一个故事里，主人公一觉醒来变成了一只昆虫，无法再变回人形。

3.　他与父亲不合，工作不顺，与女人纠缠不清。要是再看看他写作的内容和方式，你就会发现，他的麻烦远不止这三个……

总之，卡夫卡与世界存在着分歧，而这个世界也对卡夫卡存在着误解。

真正的道路在一根绳索上，它不是绷紧在高处，而是贴近地面的。它与其说是供人行走，毋宁说是用来绊人的。[1] ————————————————　　**卡夫卡格言**

1　见叶廷芳、黎奇译《卡夫卡书信日记选》，百花文艺出版社 1991 年版。

波西米亚的
犹太人

大约在 9 世纪，第一批犹太人抵达波西米亚[1]。他们定居在布拉格这样商业繁荣的城市。在这里，犹太人被迫生活在城市边缘空间狭小的犹太区内。住在这里的犹太人曾被禁止离开这一区域。

在其他市民眼里，犹太人有着令人难以理解的异国宗教习俗，但又通过辛勤努力赚得盆满钵盈。基于这两个原因，他们很容易成为别人仇恨的对象。因此，在欧洲许多城市的历史上，反复上演了针对犹太人的大屠杀，以及大规模骚乱，而布拉格的犹太人也未能幸免。这就是为什么布拉格的犹太人曾被国王保护着，尽管他们必须支付巨额税款来为这项特权买单。

布拉格的犹太区有许许多多的传说，毫无疑问，这些故事的灵感来自犹太区内蜿蜒的街道、神秘的走廊和隐秘的院落。最著名的布拉格传说与一位现实中的犹太教拉比有关，他叫犹大·罗·本·比撒列（1512—1609 年），也被称为马哈拉尔[2]。他知识渊博，是布拉格犹太人的精神领袖。传说中，为了保护犹太人，他借助从神秘的犹太教义中学到的知识，用黏土创造出魔像——泥人哥连[3]。据说，直至今日，没有血肉之躯的哥连仍在捷克新旧犹太会堂的阁楼里安息。

哥连在古斯塔夫·迈耶[4] 的著名小说《泥人哥连》中再次复活，这本小说于 1915 年首次出版。迈耶既不在布拉格出生，也没有犹太血统。在他笔下，布拉格变成了心潮澎湃的叙述者所描绘的魔幻之城。迈耶是第一批以这种方式为布拉格带来世界美誉的作家之一。

1 波西米亚，捷克共和国中西部地区，历史上也常指代包括摩拉维亚和西里西亚在内的整个捷克地区。
2 马哈拉尔（Maharal），希伯来语 "Moreinu Ha-Rav Loew" 的首字母缩写，意思是 "我们的老师，拉比罗"。
3 哥连（Golem），希伯来传说中用巫术灌注黏土形成的有自主行动能力的巨型人偶。
4 古斯塔夫·迈耶（Gustav Meyer）（1868—1932 年），笔名 Gustav Meyrink，奥地利作家、编剧、翻译。

布拉格
犹太区的
命运

直到 19 世纪中叶，布拉格的犹太居民才获得了与其他市民一样的权利，并获准搬出老犹太区。较为富裕的家庭逐渐搬离老犹太区，而布拉格的穷人阶层反而住进了老犹太区。因此，在 19 世纪末期，出于卫生方面的考虑，布拉格城决定对老犹太区进行改造，结果却拆除了几百栋中世纪的房子，破坏了许多原来的街道。

布拉格的犹太人逐渐被同化，他们放弃了部分传统，努力融入主流社会。在 19 世纪末，弗兰茨·卡夫卡出生的这一时期，布拉格实际上正处于文化和语言的十字路口。捷克当时仍是奥匈帝国的一部分，官方语言为德语。在捍卫捷克语的斗争中，政治冲突正在激烈地进行着。虽然德语是官方语言，已经被同化的犹太人也把德语当成自己的语言，但布拉格讲德语的人却并未在数量上占优势。

现在的布拉格和年少时的卡夫卡记忆中那个给他留下深刻印象的布拉格早已相去甚远。年少时的卡夫卡生活在一个瞬息万变的城市，既了解布拉格古老传奇的一面，也熟知布拉格新兴现代的一面。和布拉格其他的乃至捷克境内的所有犹太人一样，卡夫卡发现自己处于不利境地。他在波西米亚和摩拉维亚[1]的领地上长大，这里的居民越来越希望脱离奥匈帝国统治，获得独立。与此同时，卡夫卡还得容忍当时全欧洲对犹太人的民族主义偏见和恶意的攻击。布拉格犹太民族几百年的文化也已经消失殆尽——极有可能就是这些因素塑造了卡夫卡写作时的强烈情感。

我们并不能完全读懂卡夫卡的长篇小说和短篇小说——作家本人似乎也并不打算让我们完全读懂。

波西米亚、摩拉维亚和国东部地区

卡夫卡
与
犹太教

卡夫卡对一出生便拥有的犹太信仰抱着模棱两可的态度。卡夫卡的父亲赫尔曼致力于脱离犹太社区，并宣称自己的家庭是捷克血统。尽管如此，他还是每年带着儿子去好几次犹太教堂。后来，卡夫卡对哈西德派犹太教产生了浓厚的兴趣——哈西德派犹太教是犹太教正统派的一支，注重神秘的体验、世俗世界与神灵世界的融合。卡夫卡兴致盎然地观看了波兰犹太剧团在捷克用意第绪语进行的表演——中世纪时，欧洲的犹太人就已经掌握这门语言，但是意第绪语在捷克地区并没有怎么普及，当地犹太人认为它是一种低等的语言。在朋友马克斯·布罗德[1]的影响下，卡夫卡也接触到了犹太复国主义——一种要求建立犹太民族国家的政治运动。在英年早逝之前，他甚至认真地考虑过移民到巴勒斯坦圣地——犹太人梦寐以求的国家应该在那里建立。

我的希伯来语名字是阿姆舍尔，像我妈妈的外祖父一样。在我母亲的记忆中，他是一个非常虔诚并且有学问的人，有着长长的白胡子，他死的时候，我母亲才六岁。[2]
选自卡夫卡日记，1911 年 12 月 25 日

1　马克斯·布罗德（Max Brod）（1884—1968 年），捷克犹太作家，卡夫卡的好友，整理、出版了许多卡夫卡的遗作。
2　见叶廷芳主编《卡夫卡全集（插图本）》（第 5 卷），中央编译出版社 2015 年版，有改动。

犹太教成人礼，
犹太男孩站在成年男性中间

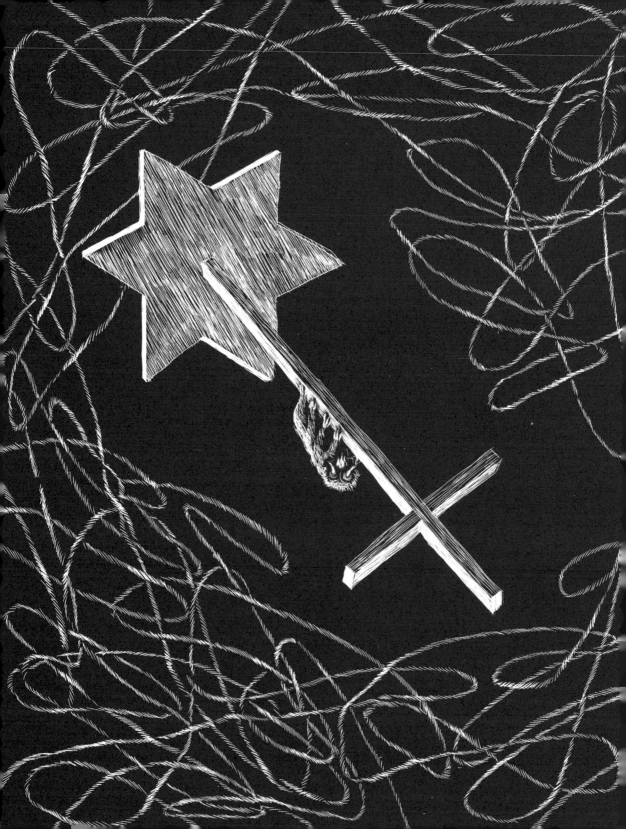

家长的
忧虑

1920 年，卡夫卡出版了短篇集《乡村医生》，其中收录了《家长的忧虑》和其他 13 篇短篇小说。在《家长的忧虑》中，名叫奥德拉德克的怪物以一种非常卡夫卡的方式将叙述者逼入绝境：谁都不知道它究竟是什么东西，为什么出现。这也困扰着好几代研究者——他们乐此不疲地争论奥德拉德克这一诡秘名字的由来，解读故事的含义。《家长的忧虑》令人浮想联翩，比方说，让人联想到卡夫卡为工伤事故保险局撰写的报告。

一部分人说，"奥德拉德克"一词源于斯拉夫语，并试图以此来说明这个词的形成。另一部分人则认为，此词源于德语，斯拉夫语只不过对此产生影响而已。但是，这两种解释均不确定，可以让人们完全有理由认为这两者均不准确，尤其是两者都没有赋予这个词以一定的意义。

当然，要是真的不存在叫作奥德拉德克的生物，就没有人会从事这样的研究了。初一看，它像是个扁平的星状线轴，而且看上去的确是有线缠绕着；不过，可以肯定的是，它们只是一些被撕断的、用旧的线、线结缠绕在一起种类和颜色各不相同的线。但是，这不仅仅是个线轴，因为有一小横木棒从星的中间穿出来，有另一根木棒以直角的形式与之连接起来。一边借助于后一根木棒，另一边借助于这个星的一角，整个的线轴就能像借助于两条腿一样直立起来。

人们似乎觉得，这东西曾有过某种可以理解的形状，而如今它只不过是一个破碎的残次品。然而事情看上去并非这样；至少没有破损的迹象；外表完整而又没有破裂的表面就足以说明；整个事情看上去毫无意义，但就其风格来说是自成一体的。无论如何，更仔细的检查是不可能的，因为奥德拉德克极其灵活，而且人们永远抓不住它。

它间断地潜伏在阁楼、楼梯间、过道和门厅里。有的时候，它常常几个月不露面；在这期间，它大概搬到了其他房子里去了；可它又总是会回到我们家里。很多次，当你走出门的时候，会恰巧看到它靠在下面的栏杆上，这往往让人们想同它讲话。当然，你不会向它提出一个个难题，而是像对待孩子那样——它实在太小了，你不会忍心的——对待它。"嗯……你到底叫什么名字？"你问它。"奥德拉德克。"它回答说。"你住哪儿？""没有固定的住所。"它边说边笑，但这只是一种像是没有肺的人发出的笑声，听起来就像是落叶发出的沙沙声。谈话通常就这样结束了。此外，就连这些回答也并不是总能得到的；它经常长时间地默不作声，看上去就像一块不会说话的木头。

　　我毫无目的地问自己，它会怎么样呢？它会死吗？一切正在死亡的东西，都曾有过某种生活的目标，也都曾有耗尽它们精力的活动，但这并不符合奥德拉德克的情况。那么，我是不是应该假定它总是会从楼梯上滚下来，拖着线，一直滚到我孩子、我孩子的孩子的脚下？显然，它绝不会伤害任何人；但是，一想到它也许比我活得更长，我还是会有一种难言的痛苦。[1]

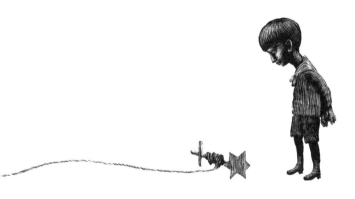

1　　见叶廷芳主编《卡夫卡全集（插图本）》（第 1 卷），中央编译出版社 2015 年版，有改动。

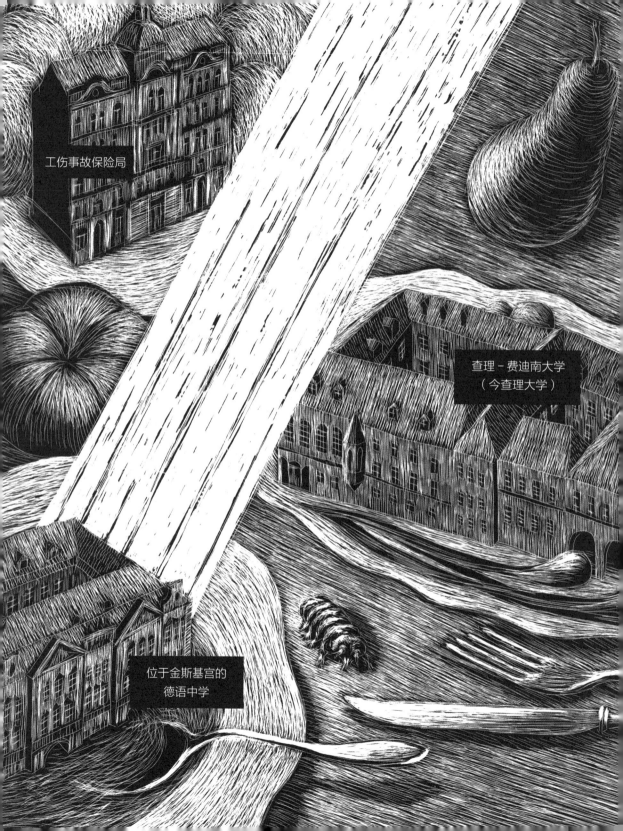

工伤事故保险局

查理－费迪南大学
（今查理大学）

位于金斯基宫的
德语中学

卡夫卡的
布拉格：
有爪子的
小妈妈

布拉格——金色的千塔之城，传说中的捷克女爵丽布舍（Libuše）曾预言，布拉格将声名显赫，直至天际。弗兰茨·卡夫卡对这座城市爱恨交织，这里既是他的家园，也是他的监狱。除了早期几篇短篇小说之外，他创作的故事没有一个直接以布拉格为背景，但这些故事又透露出布拉格是其发生地。1883 年 7 月 3 日，卡夫卡在这里出生，并在这里度过了绝大部分人生——也许这并不完全是出于自愿。

也正是他的意志，K 先生[1] 面临了一个难题。这可能也是为什么卡夫卡小说中的布拉格变成了一个怪诞、压抑的城市，它的建筑——教堂、大学和办公室——都有着更加普遍的象征意义。尽管如此，许多研究者仍指出卡夫卡的生活与布拉格的具体地理位置有着密切的联系，并且有很多证据支持这一点。

弗兰茨·卡夫卡生活的布拉格，范围要缩小到老城区和小城区。他的希伯来语老师费里德里希·提博格尔[2] 还依稀记得，他曾在卡夫卡父母位于奥佩尔特大楼[3] 顶层的家中，与卡夫卡并肩站在窗边，俯瞰老城广场。

这里原是我的中学，它后面那栋楼是大学，
再往左走一些就是我的办公室。
我的整个人生都局限在了这个角落里。

1　卡夫卡小说中的主人公。
2　费里德里希·提博格尔（Friedrich Thieberger），奥地利哲学家、翻译家、作家。
3　奥佩尔特大楼（Oppeltův dům），位于布拉格老城广场附近，卡夫卡一家曾在此居住。

在 1903 年写给友人奥斯卡·波拉克[1]的信中，卡夫卡附上了几行诗，我们可以从中一瞥布拉格令人生畏的景象。

在昏暗的桥上走过去的人们

经过圣人身边

和他们微弱的小灯。

在灰暗的空中飘过去的云层

经过教堂旁边

和它们那朦胧的塔影。

在方形的栏杆旁倚立着的某君

望着黄昏的水流

双手凭着古老的石头。

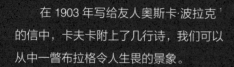

1   奥斯卡·波拉克（Oskar Pollak）（1883—1915 年），
     捷克艺术历史学家。

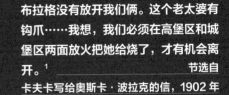

布拉格没有放开我们俩。这个老太婆有钩爪……我想，我们必须在高堡区和城堡区两面放火把她给烧了，才有机会离开。[1] ————————— 节选自卡夫卡写给奥斯卡·波拉克的信，1902 年

1　见叶廷芳主编《卡夫卡全集（插图本）》（第 6 卷），中央编译出版社 2015 年版，有改动。高堡区（Vyšehrad）和城堡区（Hradčany）分别位于流经布拉格市中心的伏尔塔瓦河的东西两岸。

作家的
诞生

年轻的卡夫卡在夜深人静时开始了写作。他创作了几篇不同类型的小说，这些小说后来得以出版，但是他的多份亲笔手稿最终被烧毁。1912年9月，他完成了短篇小说《判决》，在其中找到并确立了自己未来的写作风格。当时，卡夫卡在日记中写了下面这些文字，这些文字到今天都依然非常有名：

《判决》这篇小说是我在22日至23日夜间，从晚上十点到凌晨六点，一口气写成的。由于长时间坐着的缘故，腿都僵直了，我几乎无法将它们从桌子下面抽出来。当故事情节在我面前展开的时候，仿若我在水上行舟，我处于极度的努力与欢乐之中。在这些夜里，我好多次地忍受着背部的沉重……

侍女第一次走过前厅的时候，我正写下最后一句。灯熄了，天亮了。心脏隐隐作痛。午夜时分消失的疲倦又在恢复。战栗地踏入妹妹们的房间。朗诵……

我确凿无疑地相信，我由于写长篇小说陷入了可耻的写作的泥坑之中。写作只能是这样来进行，只能在这样一种状态下，即身心充分打开的状态下进行。上午躺在床上，两眼始终睁着。[1]

1　见叶廷芳、黎奇译《卡夫卡书信日记选》，百花文艺出版社1991年版；叶廷芳主编《卡夫卡全集（插图本）》（第5卷），中央编译出版社2015年版，有改动。

判决

在美好的春季里一个星期天的早晨，年轻的商人格奥尔格·本德曼坐在他那临河的房子的二楼的房间里，他刚写完一封给居住在国外的老朋友的信。

这位朋友几年前到俄国去了。他在那边生意惨淡，也不与人来往，过着单身汉的生活。

给这样的人写信，应该写些什么呢？要劝他回国吗？可这样做不就相当于告诉他，他在国外是失败的？

过去的几年里，格奥尔格的生活发生了很多变化。母亲去世后，他和年迈的父亲一起生活。从那时起，他便全身心投入到商业以及别的事情当中，商行发展得很好。他还和一位名叫弗丽达的富家小姐订了婚，但是格奥尔格并不愿意把自己的这些成就告诉他的朋友。但是这位朋友不来参加婚礼，新娘会感到遗憾，因此格奥尔格还是把订婚的事告诉了他的朋友。

他把信放进口袋，走进了父亲的房间。他已经好几个月没有来过了——父子俩只在商行见面。格奥尔格感到非常惊讶，因为父亲的房间是那样阴暗。桌子上放着吃剩的早餐。

"这里黑得不像话。你连窗都关上了？"

"我觉得这样舒服些。"

"我写了一封信给彼得堡的朋友，宣布了我订婚的事。考虑到他的情况，我一开始是不想告诉他的。"

寻找卡夫卡

"但他是我的好朋友，那么我的幸福的婚约对他来讲也会是一件高兴的事。"

"自从我们亲爱的母亲去世之后，发生了很多事情。商行里有些事情我不清楚，我记忆力衰退了。你别骗我……你难道在彼得堡真有这样一个朋友？"

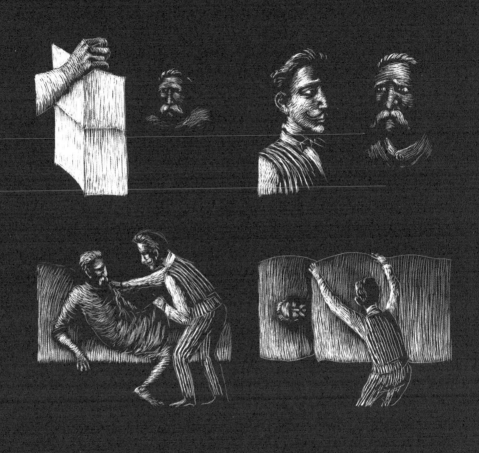

"你一定还记得他，他讲过俄国革命的一些好玩儿的事。"

"你根本没有朋友在彼得堡。你真爱开玩笑！"

"一千个朋友也抵不上我的父亲。你搬到前面那个房间去，婚礼过后你就住我们家里。"

"你要把我盖上然后埋起来，不过我可没有被完全盖上！我当然认识你的朋友。他这样的儿子倒是合我心意！我为他掉过眼泪。而你把自己关在办公室里，就是为了写一些谎话连篇的信寄到俄国去！"

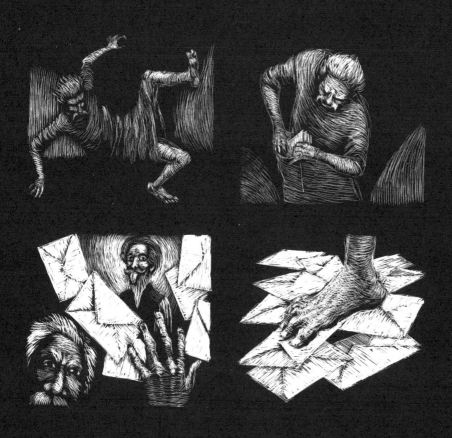

"你背叛了自己的朋友，还要把自己的父亲困在床上！我的儿子就这样走遍世界，因为我为他做好了准备，他就很容易做成生意！然而，我已经和你的朋友结成了稳固的联盟，你要告诉他的消息我这都有！我一直在给他写信，所以他才不来。他什么都知道，比你自己还清楚一百倍呢！"

寻找卡夫卡

"现在你该知道，除了你之外世界上还有什么——事到如今你只知道你自己！你真没人性！现在你给我听着：我判你去投河淹死！"

格奥尔格快步跃出大门，穿过马路，朝河边飞奔而去。

"亲爱的父亲母亲，我可一直是爱着你们的呀！"

就在这时，正好有一辆电车从桥上驶过，发出无尽的喧嚣。

家庭关系
和
盔甲

弗兰茨·卡夫卡在家中有着特殊的地位：他是家中唯一的儿子，将来要继承家业，所以从小就得到大力培养。家人承认他有非凡的才能，然而这个小伙子却感到身处密不透风的盔甲之中。他对生活的想法，与父母对他的期望有着本质上的不同。他无法完成父母的期望，因此产生了强烈的压力，这在他的许多短篇小说和长篇小说中有所体现。尽管他们之间互相不理解，我们还是可以判定，卡夫卡是深爱着父母的。

卡夫卡的父母来自波西米亚乡村，在 19 世纪 80 年代初期才搬到首都布拉格——与其他许许多多犹太人一样，他们认为那段时期在布拉格生活更加安全。母亲尤莉叶出身于在波杰布拉迪[1]经营纺织业的富裕且有教养的商人家庭。除了两个同父异母的兄弟之外，她还有三个兄弟，其中一个名叫西格弗里德·勒维，是个单身汉，在维索基纳州的特里施市当乡村医生，年少的卡夫卡常去他那过暑假。母亲一直是儿子卡夫卡的支柱，同时也对丈夫言听计从。

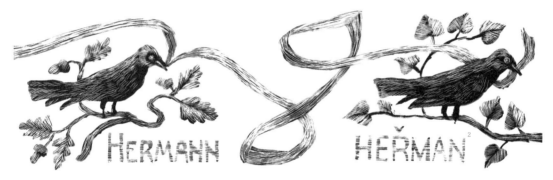

弗兰茨的父亲赫尔曼·卡夫卡来自南波西米亚州皮塞克县附近的沃塞克镇。赫尔曼出身贫寒，有五个兄弟姐妹。他一开始做上门推销员的工作，来到布拉格之后，由于自己的勤奋工作和表兄（后来成为弗兰茨的教父）的前期资助，他逐渐把"安琪拉"商店扶上正轨：零售妇女服饰用品的小商贩赫尔曼变成了坐拥公寓楼的大批发商。赫尔曼是一个在各方面都很强大的男子，他强有力地维持着这个家庭的运转。他认为这么做都是为自己的家人着想——他在任何场合都毫无顾忌地强调这一点。

1 波杰布拉迪（Poděbrady），捷克中波西米亚州的一个城市。
2 图示为赫尔曼的商店徽章。

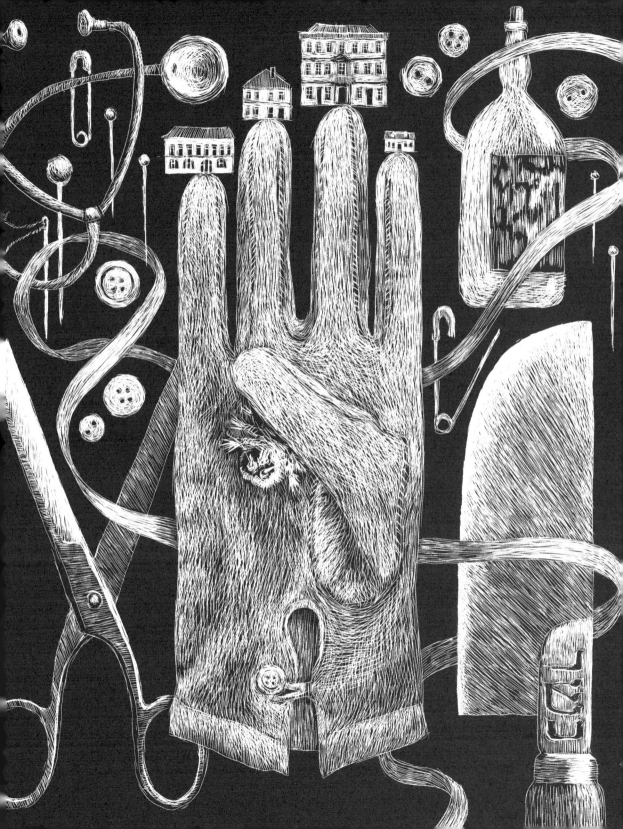

卡夫卡的
三个妹妹

卡夫卡家里曾有六个孩子，不过只有弗兰茨和他的三个妹妹活到了成年——卡夫卡的两个弟弟在很小的时候就夭折了。因此不难理解，1883 年 7 月 3 日出生的卡夫卡被父母寄予厚望。三个妹妹中最大的是加布里尔，小名艾莉；二妹叫瓦莱丽，小名瓦莉。这两个妹妹都按照父亲的意愿嫁给了好人家。

艾莉的丈夫、弗兰茨的妹夫卡尔·赫尔曼于 1910 年在薛斯高夫[1]建立了石棉工厂。赫尔曼·卡夫卡认为，弗兰茨也应该参与工厂的管理——在父亲的出资下，卡夫卡成了石棉工厂的合伙人，尽管这有违他自己的意愿。他憎恨工厂的工作以及随之而来的责任——这比办公室的工作还要令人厌恶。

与卡夫卡最亲近的是比他小 9 岁的妹妹奥缇莉亚，家里人都叫她奥特拉。他们俩都不喜欢父亲定下的规矩，因此惺惺相惜。奥特拉决心自力更生——她离开了父亲的商店，在姐夫的农场干活。之后，她嫁给了与之真心相爱的捷克爱国者、天主教徒约瑟夫·大卫。她是卡夫卡真正的后盾和知己，就像卡夫卡在致奥特拉和家人的信中所表露的那样。

1　薛斯高夫（Žižkov），1922 年前为布拉格周边的一个城市，1922 年后并入布拉格，现在是布拉格的一个区。

寻找卡夫卡

赫尔曼·卡夫卡：
百里挑一的
父亲

即使赫尔曼和弗兰茨不是这样性格截然不同的人，和这样的父亲和平相处也可能相当困难。父亲常常对儿子施压，希望他和妇女们建立良好关系，以便未来继承家业——而我们已经知道，弗兰茨·卡夫卡唯一的愿望是写作。在那个时代，刚起步的作家和父亲之间的这种冲突并不稀奇：弗兰茨这一代的许多年轻人后来成了艺术家或知识分子，他们有着和老一辈完全不同的对生活的看法。

弗兰茨把父亲视为支配家庭及其成员命运的统治者。他说得很对，不过他也意识到，父亲并不是想伤害家人，更不想伤害弗兰茨。这还引发了弗兰茨的自责。将这一切与当时的时代背景联系起来更易于理解：弗兰茨事实上有着异乎寻常的自由，用今天的眼光来看，他的要求显得过分夸张了。从弗兰茨的表现来看，他的父亲或许并不是那种暴君——造成父亲和儿子之间的悲剧关系的主要原因是他们的世界距离太远，而且他们无法互相理解。

致
父亲

《致父亲》于 1918 年 11 月在什莱森[1] 写成，是一部特别的文学作品。它和真正的信没什么两样，只不过由于弗兰茨母亲的请求，这封信从未寄出。因此，与其说它是有关赫尔曼·卡夫卡个人性格的记录，不如把它当作弗兰茨对父亲的感情的详细报告。弗兰茨想通过这封信向父亲展示自己的内心世界。母亲尤莉叶却非常理智，她知道，儿子这样做到头来可能一无所获。又或者，她非常软弱，害怕激怒丈夫？

我们从这封长信中节选了几个段落。

亲爱的父亲：

你最近曾问我，为什么我声称在你面前感到畏惧。像往常一样，我不知如何作答，这一部分是出于我对你的畏惧，一部分则是因为要说明这种畏惧的根源牵涉到非常多的细节，在谈起它们时我只能把握一半左右。假如我试图在此用书面的方式回答你，答案将是很不完整的，因为这种畏惧及其后果也使得我的写作困难重重，因为素材之多已经远远超出了我的记忆力和理解力……

如果你把对我的评价加以归纳，就会发现，虽然你从不直接指责我无礼或恶毒（也许我最近这次结婚的意图是个例外），但分明在说我冷若冰霜，疏远得形同陌路，忘恩负义。你这样责备我，好像这全都是我的错，好像我只要转一下舵，就能使一切改观似的，而与此同时，你对此连一点责任也没有，要有就只有一点，那就是你对我太好了……

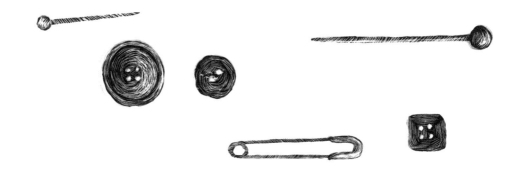

1　什莱森（Želízy），中波西米亚州梅尔尼克县的一个小城。

我曾是个腼腆的孩子；可我也是固执的，就像其他孩子一样。当然，母亲也很宠我，但我无法相信，我那么难以管教，我也不能相信，一句亲切的话，一次默默的握手，一道善意的目光不能使我马上顺从于人们对我的一切要求……

你只会像对你自己一样，用力量、咆哮和暴怒对待孩子，而你也觉得这种方法很合适，因为你想把我培养成一个坚强、勇敢的小伙子……

小时候的事我只记得一件，这件事你可能也还记得。有一天夜里我不停地要水喝，但不是因为口渴，可能一部分原因是为了惹怒你，另一部分原因是为了找乐子。在多次强烈威胁无果之后，你把我从床上拽起来，抱到门廊上，把我关在门外，让我一个人穿着衬衣在那站了一会儿。我不想说这么做是错的，当时除了这样没有其他方法能让夜间重归宁静。但我想以此说明你的教育方法及其对我的影响。自那以后，我当然是听话了，但这件事却给我造成了心灵的伤害。以我的性格，我根本无法把要水喝这件事同极其可怕的被赶出去这件事联系在一起。许多年后，我一想到这个场面就备受煎熬，那个身材魁梧的人——我的父亲，审判我的最后法庭——会几乎毫无理由地走过来，把我从床上抱到门廊，而我在他眼里就是这样无足轻重……[1]

1　见叶廷芳主编《卡夫卡全集（插图本）》（第 7 卷），中央编译出版社 2015 年版，有改动。

弗兰茨·卡夫卡：
像我们
一样的人

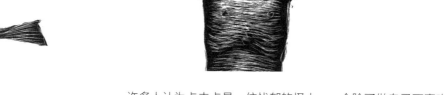

许多人认为卡夫卡是一位忧郁的怪人，一个除了做自己不喜欢的办公室工作之外一心扑在写作上的呆子，这样的想象滋生了很多关于卡夫卡本人的流言。事实上，弗兰茨是一个兴趣广泛的人，他也很喜欢运动。

卡夫卡喜欢去电影院，饶有兴致地读科技界的各类新闻——证据之一是他对航空学的兴趣。他兴致勃勃地旅行，在水面上认识新的国家。他是游泳健将，在布拉格的时候就很喜欢划船。早晨，卡夫卡在打开的窗户旁锻炼，如果他发觉自己的手闲着，就会主动帮忙做一些园艺的活计。

100年以前，健康的生活方式也和现在一样备受推崇，弗兰茨也深受其影响。他甚至在身体仍然十分健康的时候就住进了温泉疗养地和疗养院，并乐于检验新疗法的疗效。卡夫卡不抽烟，滴酒不沾，不喝茶，甚至连咖啡也不碰。卡夫卡还是素食主义者，后来由于患病，不得不开始吃肉，而她的妹妹奥特拉也受他影响成了素食主义者。

在自己所写的《卡夫卡传》中，马克斯·布罗德回忆起一件事，在柏林的某个水族馆里，卡夫卡隔着玻璃对鱼说：

现在我总算能好好看看你们了，我已经不吃你们了。

不停地
搬家

卡夫卡家位于塔楼公寓（U Věže，卡夫卡广场 27/5 号）的住宅 [1] 坐落在老犹太区边缘，后来在城区重建中被拆除，不过如今在同样的位置建起了与从前的房屋相似的新楼。卡夫卡一家 1885 年就已经从这栋楼搬走，从那时起，小卡夫卡在老城区内搬了好几次家。

卡夫卡的童年是在装饰华美的米努塔之屋（Dům U Minuty）度过的（老城广场 3/2 号)[2]。1889 年至 1896 年，卡夫卡一家在此居住。卡夫卡的三个妹妹——艾莉、瓦莉和奥特拉——均在此出生。卡夫卡由家里厨娘陪同，从这里走去位于肉市街的德语男童国民小学上学 [3]。

1896 年 9 月，卡夫卡一家搬到了三王之屋（Dům U Tří králů，采莱特纳街 602/3 号）[4]，这里紧挨着提恩教堂（Týnský chrám）。赫尔曼·卡夫卡之前就已经在这里买下了开服饰用品商店的店面。卡夫卡在这里第一次拥有自己的房间。父亲的生意蒸蒸日上，越做越大，赫尔曼希望他唯一的儿子可以继承他的产业。然而，年轻的卡夫卡在当地读高中和大学，他内心对此事的抗拒越来越明显。1906 年，赫尔曼·卡夫卡在采莱特纳街的另一侧开了一家批发商店。第二年，卡夫卡一家也搬了出来。

1907 年之后，卡夫卡一家在轮船之屋（Dům U Lodi）居住了六年（巴黎大街 883/36 号）[5]。卡夫卡在这里度过了工作的第一年，夜深人静时开始写作。1912 年 9 月末，他正是在这里完成了短篇小说《判决》的写作。这栋楼——顺带一提，这是他们第一间带浴室的房子——在第二次世界大战末期被毁坏。如今在同样的位置则建起了州际酒店。

1912 年，赫尔曼·卡夫卡最后一次把商店搬到豪华的金斯基宫（palác Golz-Kinských）的右侧楼（老城广场 606/11 号和 607/12 号）。赫尔曼把公司建在顶层。德语中学也在金斯基宫中，卡夫卡于 1893 年至 1901 年在此上学 [6]。

1913 年，卡夫卡一家搬到了附近的奥佩尔特大楼（老城广场 934/5 号）[7]。卡夫卡在这里也有自己的房间，但他常常得把房间让给访客或者亲戚，所以接下来的几年，他换了好几个地方租住。他不停搬家的原因是无法集中精神写作，因为他对噪声非常敏感。在黄金巷 20/22 号的住所里，他终于可以不受打扰地写作 [8]。

布拉格其他与卡夫卡有关的地点：

阿尔科咖啡馆（Kavárna Arco），石板街（Dlážděná）1004/6 号——布拉格的德语作家在这里聚会 [9]。

卡罗莱姆（Karolinum），钢铁街（Železná）541/9 号——1906 年，卡夫卡在查理－费迪南大学的礼堂被授予法学博士学位 [10]。

波西米亚王国工伤事故保险局，波施驰街（Na Poříčí）1075/7 号——卡夫卡在这里一直工作到 1922 年提前退休 [11]。

卡夫卡最有名的住所位于城堡区的黄金巷之中。这些房子里原先住着枪手 [1]，在鲁道夫二世统治期间（他住在布拉格城堡），这里是炼金术士们的住所。1916 年，卡夫卡的妹妹奥特拉为他租下了其中一间小屋，以便他心无旁骛地创作。他做到了。到 1917 年 3 月，卡夫卡在这里写下了《乡村医生》合集里几乎所有的短篇小说。卡夫卡非常喜欢这里安静的环境，当时的黄金巷还没有被如今闹哄哄的游客占领。

1　　即守卫布拉格城堡的枪手。

夏天的时候，有一次我和奥特拉去找房子，尽管我不大相信能找到真正安静的房子，我还是和她一起去了。我们在小城区看了几处地方……一无所获，我们没有发现一处合适的地方。为了好玩，我们还跑到那条小巷子里去问。那里还真有一间小屋十一月之后要出租。奥特拉也是一个喜欢安静的人，她非常想租下那间屋子。我这个人天性懦弱，劝她别这么做。我甚至不能想象我也去那里住。那屋子又破，又脏，极不适合住人，总之一无是处。可她却坚持己见，当原来住在这儿的一大家子搬走之后，她重新粉刷了这间屋子，添置了几件钢管家具……这件事她一直对家里其他人守口如瓶。[1]

（节选自卡夫卡写给菲利斯·鲍尔的信，1916 年）

1　见马克斯·布罗德著、张荣昌译《灰色的寒鸦：卡夫卡传》，十月文艺出版社 2010 年版，有改动。

友谊的力量：卡夫卡和布罗德

弗兰茨·卡夫卡常常被刻画成一个封闭的、忧心忡忡的、性格孤僻的人。这在很大程度上是事实，但与此同时，我们从与他同时代的人那里了解到，他也能够和朋友谈笑风生。

只不过这样的情况并不多。弗兰茨还在读中学的时候，就受到一位名叫奥斯卡·波拉克的朋友的影响。这位朋友后来学习艺术史，而对法学院的课感到厌倦的弗兰茨也对这个学科感兴趣。1902年，弗兰茨甚至去听了艺术史的课。从那个时期开始，卡夫卡的绘画都保存了下来，展示出这位作家的艺术天赋。这些画大多出现在课本书页边缘，是卡夫卡在无聊的大学课堂上画的，或者附在私人信件当中。

毫无疑问，作家马克斯·布罗德是弗兰茨最亲密的朋友之一——他保护了卡夫卡的作品免遭毁灭之灾，把卡夫卡推向世界文学的殿堂。尽管我们从布罗德那里得知了很多关于卡夫卡的事情，然而这些都只是布罗德的一面之词。这样看来，马克斯·布罗德——他的出发点肯定是好的——似乎根据自己的想法重塑了卡夫卡留下的遗产。

布罗德和卡夫卡是在"布拉格德语大学生协会"里认识的，他很快就成了卡夫卡为数不多的知心朋友之一。他们互相朗读自己的作品，一同上咖啡馆，去游泳场，外出郊游。后来，布罗德拒绝遵照卡夫卡的遗愿烧毁他生前所有未出版作品的手稿，这也让卡夫卡的作品，甚至布罗德自己一举成名。

布拉格的
圈子

马克斯·布罗德可不仅仅是卡夫卡的伯乐——多亏了布罗德，莱奥什·雅那切克[1]和贝德里赫·斯美塔那[2]的歌剧作品、雅罗斯拉夫·哈谢克[3]笔下的人物好兵帅克[4]才得以在世界上享有盛誉。1939年3月，布罗德在纳粹军队占领捷克前不久搬出了布拉格。二战结束后，布罗德在以色列投身于戏剧工作，出版朋友弗兰茨·卡夫卡的著作，自己也产出了大量的文学作品。

布罗德最有名的一本书是1966年出版的《布拉格的圈子》，布罗德在书中回忆了布拉格德语写作圈里的那些作家，而自己是这个圈子的非官方带头人。在这个一开始非常小的圈子里，除了布罗德自己和卡夫卡之外，还有两个他们共同的好友：奥斯卡·鲍姆[5]和费利克斯·韦尔采[6]。鲍姆是一位盲人作家和音乐评论家，大家常常聚在他的公寓里讨论新的文学作品。韦尔采也是通过马克斯·布罗德认识了卡夫卡，而布罗德和这位未来的哲学家、政论家很早就认识了，他们一起上皮亚里斯特教会小学。

现在，我们可以把"布拉格的圈子"理解为包含一战和二战期间布拉格所有德语作家在内的一个概念。卡夫卡的圈内熟人和好友还有比他小七岁的诗人，后来成为小说家的弗朗茨·韦费尔[7]。如今，

韦费尔是继弗兰茨·卡夫卡、诗人莱纳·玛利亚·里尔克[8]和新闻记者埃贡·艾尔温·基希[9]之后最有名的布拉格本地德语作家。在1908年左右，韦费尔就认识了卡夫卡，他是一个非常讨人喜欢的年轻诗人，在充满传奇色彩的德国阿尔科咖啡馆举办作家集会，这个咖啡馆位于现在的马萨里克火车站附近。除了布罗德和卡夫卡，还有一些捷克知识分子也会到场参加。之后韦费尔去了德国，1912年之后在德国担任出版讲师和编辑。他工作的库尔特·沃尔夫[10]出版社出版了卡夫卡的几部短篇小说，包括最出名的《变形记》。不仅是在当今，布拉格在卡夫卡那个时代就已经成为与柏林、维也纳和巴黎齐名的欧洲文学中心。

1　莱奥什·雅那切克（Leoš Janáček）（1854—1928年），捷克作曲家、音乐理论家。
2　贝德里赫·斯美塔那（Bedřich Smetana）（1824—1884年），捷克作曲家，开创了捷克民族乐派。
3　雅罗斯拉夫·哈谢克（Jaroslav Hašek）（1883—1923年），捷克作家，著有长篇政治讽刺小说《好兵帅克在第一次世界大战中的遭遇》。
4　长篇小说《好兵帅克在第一次世界大战中的遭遇》中的主人公，憨厚老实，幽默机灵。
5　奥斯卡·鲍姆（Oskar Baum）（1883—1941年），捷克作家、音乐教育家。
6　费利克斯·韦尔采（Felix Weltsch）（1884—1964年），犹太德语哲学家、作家、编辑、出版商、记者。
7　弗朗茨·韦费尔（Franz Werfel）（1890—1945年），奥匈帝国-波西米亚小说家、剧作家、诗人。
8　莱纳·玛丽亚·里尔克（Rainer Maria Rilke）（1875—1926年），奥匈帝国-波西米亚德语诗人、小说家，与叶芝、艾略特并称欧洲现代最伟大的三位诗人。
9　埃贡·艾尔温·基希（Egon Erwin Kisch）（1885—1948年），捷克德语作家、新闻记者，以报告文学著称。
10　库尔特·沃尔夫（Kurt Wolff）（1887—1963年），德国出版商、编辑、作家、记者。

卡夫卡
和女人：
麻烦不断

卡夫卡是一个腼腆又不太自信的人，他和女人之间的关系非常复杂。这也难怪，因为在他生活的时代，男女之间即使只是进行一般的接触也极为困难。这并不是说现在做这件事就相当容易，只是在卡夫卡的时代，女人有着完全不同的地位。当时的社会期望女人扮演家庭主妇的角色，在家相夫教子。即使这种现象在第一次世界大战的影响下有所改观，卡夫卡生命中的这些女人也绝不是什么家庭主妇。也许是出于这样的原因，与卡夫卡同时代的年轻小伙没有为

独立女孩的出现做好准备，这些女孩有的能够做通常只能由男性从事的工作，
有的毕业于 1890 年创建的捷克米内尔瓦女子中学 [1]。

1　中欧地区第一所女子中学，位于布拉格，对妇女解放具有重大意义。

菲利斯·鲍尔

（Felice Bauerová）

菲利斯·鲍尔是柏林一位犹太商人的女儿，卡夫卡相隔不久两次与她定下了婚约，但随即又两次取消了婚约。1912 年，卡夫卡在马克斯·布罗德家中第一次邂逅菲利斯，对她一见钟情。菲利斯自立又能干，弗兰茨给她写了许多信，表达自己对婚姻的忧虑，菲利斯给他的回信总是心思细腻，言语理智。卡夫卡害怕婚姻会分散他对写作的注意力，而写作是他毕生的使命。

就算你在场我也一定不能从写作中脱离出来，如果我这么做就太糟糕了，因为正是由于写作我才能活着，才能抓住你所在的那艘小船，菲利斯。我不能经常到甲板上去，这就足够令人悲伤了。理解我吧，最亲爱的菲利斯，如果我有朝一日失去了写作的能力，也必定会失去你和其他所有东西的。 （节选自卡夫卡写给菲利斯·鲍尔的信，1913 年）

卡夫卡以生病为由取消了第二次婚约。最后看来，确诊患病给他提供了一个逃避责任的机会。

寻找卡夫卡

尤丽叶·沃里泽克

(Julie Wohryzková)

1918 年，卡夫卡在什莱森小镇养病时认识了尤丽叶·沃里泽克，她的父亲是一名犹太鞋匠和维诺赫拉德犹太教堂（Vinohradská synagoga）的仆人。尤丽叶是一个讨人喜欢的善解人意的姑娘，但卡夫卡经常怀疑自己是否能够成为一个负责任的伴侣。赫尔曼·卡夫卡也不同意这门婚事，这也是卡夫卡写《致父亲》的动机之一。这次婚约卡夫卡后来也取消了。

米莲娜·耶申斯卡

（Milena Jesenská）

卡夫卡为了另一位命中注定的女人取消了与尤丽叶的婚约：比他小 14 岁的捷克新闻记者米莲娜·耶申斯卡。她思想开放，毕业于米内尔瓦女子中学。1919 年米莲娜与丈夫住在维也纳时，主动向当时还不太出名的卡夫卡提出，要把他的小说翻译成捷克语。就这样，他们建立起了工作关系，之后发展成为恋爱关系，他们的恋爱主要发生在数不胜数的书信往来之中。

她是一团活火，我以前从未遇到过。 （节选自卡夫卡写给马克斯·布罗德的信，1920 年）

卡夫卡和米莲娜只见过两次面。他最后甚至退出了这段关系，不过他们仍断断续续地与对方通信，直到 1923 年。米莲娜遵从卡夫卡的意愿用捷克语写信，遗憾的是这些信都没有保存下来。如今，卡夫卡写给米莲娜的信成了他最有名的作品之一。卡夫卡去世后，米莲娜与丈夫离了婚，回到布拉格，积极参与文化和政治活动。1939 年 11 月，米莲娜被盖世太保以从事反纳粹活动的罪名逮捕。1944 年，48 岁的米莲娜死于拉文斯布吕克集中营[1]。

你信中最美之处（这样说来有很多，因为那些信本身，几乎是一行接着一行，就是我这一生中最美好的事情）是你把我的"恐惧"当真，同时安慰我不必害怕的时候。 （节选自卡夫卡写给米莲娜·耶申斯卡的信，1920 年）

1　纳粹德国时期的一个集中营，位于柏林以北 90 公里拉文斯布吕克村附近。

寻找卡夫卡

多拉·迪亚曼特

（Dora Diamantová）

　　最后一个点燃弗兰茨·卡夫卡心中火苗的女人有一个好听的名字——多拉·迪亚曼特，她在波兰出生，而后搬到了德国。1923 年，卡夫卡在波罗的海附近疗养时认识了这位犹太小商人的女儿。他们的关系从一开始就充满热情——也许正是和多拉在一起的时候，弗兰茨才懂得了什么是真正完整的恋爱关系。为了她，卡夫卡离开布拉格，搬到柏林和她一起居住，即使生活清贫，也非常幸福。他们计划移民到巴勒斯坦，梦想在那里开一家餐馆——多拉做菜，卡夫卡招待。遗憾的是，这个梦想未能实现——多拉陪着卡夫卡做完了所有的身体检查，1924 年 6 月 3 日，也是在多拉的怀中，卡夫卡与世长辞。

与弗兰茨共度一日，胜过他所写过的一切。————

（多拉·迪亚曼特）

变形记

　　短篇小说《变形记》大概是卡夫卡最有名的作品了，这部小说写于1912年，并在三年后首次出版。这是他生前出版的篇幅最长的作品，作者自己将它视为封笔之作。一个平常的早晨，格里高尔·萨姆沙一觉醒来，发现自己变成了"一只巨大的甲虫"。这是一个扣人心弦的故事，小说从叙述者同时又是主人公的视角出发，描述极为客观。在大多数情况下，旅行推销员格里高尔·萨姆沙被描绘成一只巨大又丑陋的甲虫，他没有去想为什么奇怪的变形会发生在自己身上：让他发愁的是，他没法去上班，这样就不能养活父母和妹妹了。

　　卡夫卡生前并不允许自己的文章配有插图。也许，他是希望用这种方式在小说中为读者留出想象的空间。小说《变形记》无数次被改编成戏剧、电影和漫画，一代又一代的造型艺术家都试图创造出与格里高尔·萨姆沙变成的那个甲虫形态相似的艺术品。然而《变形记》第一版的封面并没有体现这些特点——作家刚得知小说封面会印上甲虫的图画，就极力反对，并一再坚持，不达目的不罢休。因此，这部小说的封面上只画了一个垂头丧气走出家门的男人，门后隐藏着可怕的秘密。

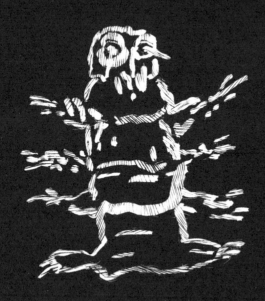

一天早晨，格里高尔·萨姆沙从不安的睡梦中醒来，发现躺在床上的自己变成了一只巨大的甲虫。他仰卧着，许多只细腿在他身边无可奈何地挥舞着。

桌上摊放着衣料样品——萨姆沙是一名旅行推销员。

"天哪！难道闹钟没有响吗？下一趟火车7点钟开，可是货样还没包好！"

"格里高尔，你不想出门了？"

"谢谢您，妈妈，我这会儿正在起床呢。"

妹妹也低声问道："格里高尔？你还好吗？"

他这才意识到，夜晚锁上门睡觉是多么正确的做法。

"格里高尔，请你开门！"母亲催促道。

秘书主任亲自从公司赶来了。"您真是让父母操心，而且您近来的工作绩效也相当令人不满意。"

"我这就开门！"格里高尔用嘴转动插在锁孔里的钥匙，门真的开了。

"救命，天哪，救命！"母亲昏倒在地，秘书主任朝楼梯的方向逃去。

高大空旷的房间让他感到害怕。因此他躲到了沙发下面，在那他能安心。
妹妹一大早来开了门，踮着脚走近他，把装着食物的碗放在地上，随即又转动
钥匙把门锁上了。

　　格里高尔每天都能得到一些剩饭剩菜，但他吃得一天比一天少。以往的光
辉历史浮现在脑海中：父亲几年前破产了，所以格里高尔决定当旅行推销员以
养活家人。他把赚来的钱交给父母，同时攒钱供妹妹上音乐学院。

寻找卡夫卡

为了解闷，他已经养成了在墙上和天花板上纵横交错地爬来爬去的习惯。
他特别喜欢倒挂在天花板上。妹妹有心要为格里高尔的爬行提供方便。
她想把妨碍他的家具搬出房间。
"什么都别搬走！我可不能没有写字桌！"

"天哪！"母亲连看格里高尔一眼都受不了。
妹妹挥了挥拳头。
过了一会儿，父亲来了。"我早告诉过你们！"
某个可怕的东西径直砸到了格里高尔的背上，并陷了进去：是一个苹果。

父亲在银行找了份工作，下班之后在扶手椅上睡着了。母亲在缝内衣；妹妹白天做销售员，晚上学习速记和法语，希望将来能谋到一个更好的职位。

早上，老妈子来做一件最困难的差事。她要去格里高尔的房间打扫。

"让开，你这个老屎壳郎！"

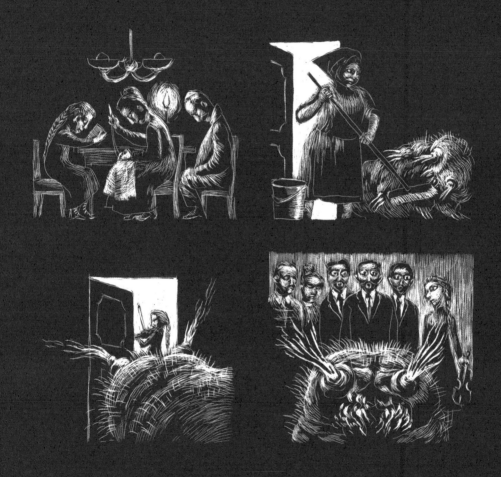

他们把客厅租给了三位先生。有一天晚饭过后，妹妹为他们演奏了小提琴。门半开着，格里高尔也被音乐声吸引了。

"萨姆沙先生！这公寓里的状况太糟糕了！我们要退租！"

"这样下去不是办法，"妹妹说，"我们必须把它弄走。"

格里高尔转身回到自己的房间，他背后的房门再次被锁了起来。他长久地回忆着家人，直到脑袋颓然垂下。

早上，老妈子来了。"你们快来看，它死了！"

三位房客要早餐吃。萨姆沙先生将他们从公寓里赶了出去，然后辞退了老妈子。好几个月来第一次，他们出门坐上电车，开始为将来做打算。他们想找一个小一点的公寓，再给女儿找一个如意郎君。到达目的地时，他们的女儿第一个站起来，舒展她那青春美丽的身体。

卡夫卡
与
职场：
不像工作的
工作

在卡夫卡的作品中，我们能直接感受到权力机构带来的压抑氛围，它能摧毁一个没有任何抵抗能力的普通人。我们会自动地把这些感觉和卡夫卡的性格以及他不满意自己赖以谋生的工作联系在一起。此外，马克斯·布罗德的回忆和作家本人的信也能向我们说明这一点。也许正是在这一点上，卡夫卡自成一派的艺术风格才显现了出来——实际上，他是一位非常能干的职员，他通晓自己的工作，兢兢业业，认真程度甚至超过了自己的职责范围。

1907 年，卡夫卡进入位于瓦茨拉夫广场的意大利"通用保险局"工作，开启了自己的职员生涯。但他对这个职位并不满意，因此第二年就转到了位于波施驰街的工伤事故保险局，在不同的岗位上一直工作到 1922 年。他一路升到了保险局主任秘书的职位。1914 年第一次世界大战爆发的时候，卡夫卡由于职位重要（也因为体质虚弱）没有被征召入伍。

卡夫卡深受同事爱戴，他对工作肯定不像自己在许多信件中所说的那样抵触：

我的职务令我无法忍受，因为它背离了我唯一的追求、我唯一的职业，那就是文学。 （节选自卡夫卡日记，1913 年 8 月 21 日）

对卡夫卡来说，职员工作的"不可承受性"不在于工作内容，而在于这份工作违背了自己毕生的使命，也就是写作。

1918 年，捷克斯洛伐克共和国成立，捷克语成为官方语言，卡夫卡在那之后用捷克语写的一些官方信函被保存了下来。从这些官方信函以及少数私人信件中，都能明显看出卡夫卡熟练掌握了捷克语。广为人知的是卡夫卡在出差途中，特别是去北波西米亚地区出差时撰写的报告，他在那里监督工厂工作的安全性，检查机器改良建议的实施情况，之前工人们因为机器操作不当受了伤。这些文件是卡夫卡文学遗产中次要的但却值得一提的组成部分。

与
马克斯·布罗德
旅行

换了新的工作之后，卡夫卡也要求有更多的假期。他常常在假期时外出旅行。1909 年至 1911 年间，他和布罗德游历法国、德国、意大利和瑞士。这些经历也启发了他接下来的写作，帮助他克服了身处布拉格的孤立感。例如，他写了一篇报告，记录了意大利布雷齐亚的国际飞行日。这篇文章刊登在 1909 年 9 月的《波西米亚日报》[1] 上，这是德语文学中第一次出现有关飞机的描述。

库尔蒂斯还没有结束自己的飞行，三个飞机库里的引擎就兴高采烈地发动起来了。风和尘土从相反的方向碰撞到一起。要想看清所有过程，两只眼睛也不够用了。人们在自己的座位上不安地动来动去……意大利秋天的傍晚开始了，要在机场上看清一切不太容易。

（节选自《布雷齐亚的飞机》，1909 年）

卡夫卡还和马克斯·布罗德一起把自己的经历写进日记，以便之后可以对比两人的观察。在回到布拉格之后，卡夫卡甚至开始写一部关于两个朋友一起旅行的长篇小说。但就像卡夫卡许多其他作品一样，这篇小说也没有完成。

卡夫卡总是会为旅行做好充分的准备，他的朋友马克斯·布罗德也一样。在回忆录《布拉格的圈子》中，布罗德这样记述他们的旅行：

在第一次出游之前，我在火车站给了弗兰茨一个棕色的记事本，我也给自己备了一本一样的，这让他大为惊奇。"我们同步写游记。"我毅然决然地向他解释道。让我高兴的是，弗兰茨欣然接受了我的提议。

1   1828 年至 1938 年在布拉格发行的一份德语日报。

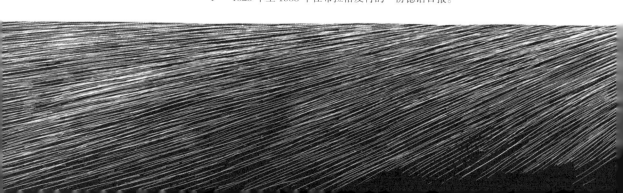

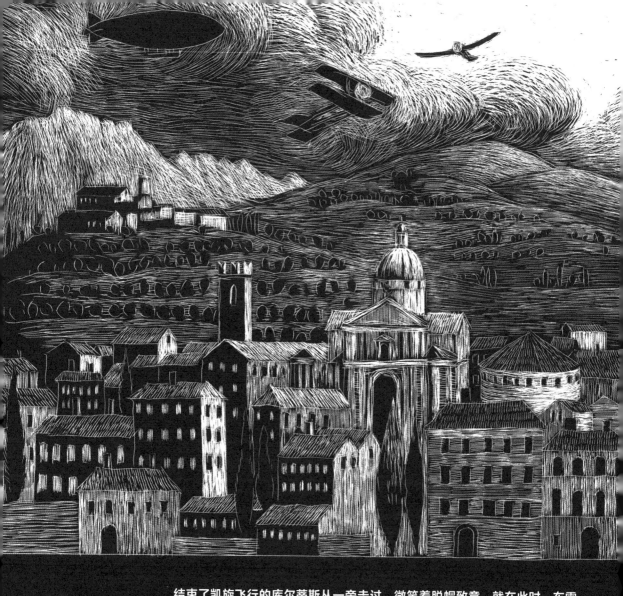

结束了凯旋飞行的库尔蒂斯从一旁走过，微笑着脱帽致意，就在此时，布雷
里沃特开始进行一次小型的盘旋飞行，这正是所有人期待的！我们不知道，
大家到底是在为库尔蒂斯喝彩，还是在为布雷里沃特，或者是为现在正驾驶
着笨重的飞机冲上云霄的卢吉尔喝彩。卢吉尔坐在操纵杆后面，就像一位坐
在写字桌前的先生……他转着小圈攀升，飞越了布雷里沃特，使得布雷里沃
特只能仰望不断升入云层的卢吉尔。（节选自《布雷齐亚的飞机》，1909年）

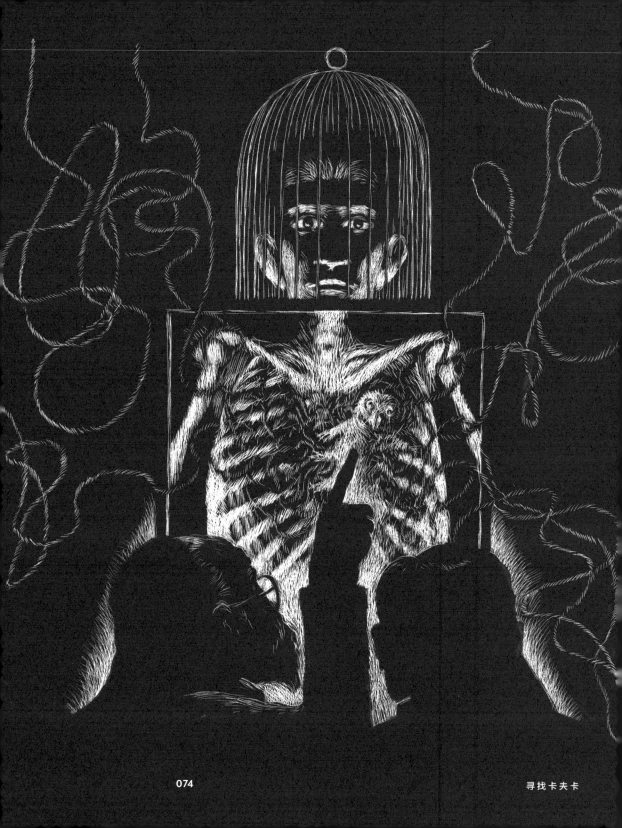

卡夫卡和病魔：头和肺的密谋

大约三周前的一个夜里，我的肺经历了一次大出血。当时大概是凌晨4点，我醒了过来，惊讶地发现嘴里含着许多唾液，吐出来后，开灯一看，真奇怪，是一团血。之后就咳个不停。用捷克语来说是"吐"[1]，我不知道我写对不对，但这就是喉咙里喷出一团血最贴切的表达了。我以为这下子止不住了。这血流又不是我弄出来的，要怎么塞住它呢？我起了床，在房间里走来走去，走到窗边，看外面，然后再走回来——还是有血；最后血终于止住了，我重新入睡，很久以来第一次睡得这么香。

（节选自卡夫卡写给妹妹奥特拉的信，1917年）

1917年8月中旬，弗兰茨·卡夫卡在半夜大量咯血。这是他第一次出现结核病，或称肺痨的症状，这种病在当时还无法治愈，而这种较为普及的病首先会殃及体弱多病的人群。

然而，卡夫卡还认为这次得病是精神紧张的结果。他甚至是这么构想的："我的头背着我和肺商量好了。"接下来的七年，卡夫卡都在与结核病斗争，这从根本上改变了他的生活方式。他大部分时间待在布拉格城外的疗养院里，屡次要求退休，却没有得到同意——他们认为卡夫卡在公司里不可或缺。

卡夫卡一开始向父母隐瞒了自己的病情，第一个得知这一项无情诊断的人是妹妹奥特拉。奥特拉在姐夫位于曲劳的农场工作，在公司终于为卡夫卡提供了医疗休假之后，他也决定搬到她那里的乡村庄园居住。在乡村的环境中，卡夫卡和朴实的农民走得很近，也过上了他们那种不太轻松的生活：他在田里干活，锯木头。同时，他也没有停止思考和写作——1931年由马克斯·布罗德出版的《曲劳手记》展示出卡夫卡真正不同寻常的想法。例如这一句：

笼子寻找鸟儿。

1　捷克语是"chrleni"。

疗养
岁月

重新开始上班之后，卡夫卡不得不逐渐适应他从前拒绝接受的传统医学的治疗方法。他又患上了当时肆虐欧洲的一种疾病——西班牙流感。此后卡夫卡便辗转住在各地的疗养院里：先是梅尔尼克市 [1] 附近的什莱森，他在那里认识了尤丽叶·沃里泽克；之后的 1920 年，又搬到了意大利北部阿尔卑斯山的避暑圣地梅拉诺 [2] 小镇。卡夫卡正是在梅拉诺开始与米莲娜·耶申斯卡频繁通信。短暂回归工作之后，卡夫卡再次去疗养，这一次他去了斯洛伐克上塔特拉山镇 [3] 的马特里埃勒 [4] 天然温泉疗养地。这种疗养到底是怎么进行的呢？一天中大部分时间，患者在酒店阳台上晒太阳，吃营养丰富的膳食。弗兰茨把精力集中在阅读和写信上。

1　梅尔尼克市（Mělník），捷克中波西米亚州的一个城市。
2　梅拉诺（Merano），意大利的一个小镇，以温泉浴场著称。
3　上塔特拉山镇（Vysoké Tatry），高塔特拉山脚下的一座旅游城市。
4　马特里埃勒（Matliare），位于上塔特拉山镇，群山环绕，有天然温泉，是治疗呼吸道疾病的理想场所。

你的时刻表让我感到开心。我把它当成地图来研究，至少能有些把握。不过我
14 天之内肯定到不了，以后再说吧……疗养院之前给我的回信十分友善，但是
现在却不回答我提出的关于素食的问题……我甚至有点害怕这次旅程——毕竟
别人要在酒店等地容忍我，比如昨天（我没有遵循老规矩，而是十点差一刻就
躺在床上了），我从十点差一刻一直咳嗽到十一点，然后睡着了，十二点左右
我辗转反侧，又开始咳嗽，一直咳到一点钟。去年我睡卧铺车厢一点问题也没有，
可现在我绝不敢再这么做了。（节选自卡夫卡写给米莲娜·耶申斯卡的信，1920 年）

往事
一页

《往事一页》也是《乡村医生》合集里的一部短篇小说。从对占领了首都的游牧民族及其行为的描述中，我们可以感受到面对新兴陌生力量的无能为力。光是小说的名字就令人费解——这是一个来自遥远过去的信息吗？我们可以把皇帝看成正在分崩离析的奥匈帝国最后一任君主吗？每一个时代都能以自己的方式与卡夫卡的文本产生联系。

看来，我们祖国的防御工作似乎严重地被忽视了。迄今为止，我们对此漠不关心，只埋头于我们的工作；最近发生的事情却让我们忧心忡忡。

我在皇宫前的广场上开了一个鞋匠铺。黎明时分，我刚推开店门，就看到武装的士兵占领了所有通向广场的巷口。但这不是我们的士兵，而分明是来自北方的游牧民族。首都与边疆相隔很远，我不明白，他们怎么会一直推进到了首都。总之，他们已经到了这里。看来，每天早晨，他们的人数还会增多。

　　他们依照自己的习惯露天安营扎寨，因为他们看不起住房。他们忙于磨剑，削尖箭矢，练习骑术。他们把我们安静的、总是小心翼翼地保持着清洁的广场变成了一个货真价实的马厩。有时，我们从店里跑出来，试图至少把最令人恶心的垃圾清扫掉，可这种情况越来越少了，因为这种努力是徒劳的，还会使我们遭受被野马踢伤或被皮鞭抽打的危险。

　　和游牧民族交谈是不可能的。他们不懂我们的语言，甚至几乎没有自己的语言。他们像寒鸦一样互相表达自己的意思。城里总能听到他们像寒鸦一样的聒噪声。我们的生活方式、我们的公共设施，他们同样无法理解，而且漠不关心。所以，他们也对任何手势语表现出不屑一顾的态度。哪怕你扭伤了颌骨，把手旋转得脱了臼，他们仍然不明白你的意思，而且永远不会明白你在说什么。他们常常扮鬼脸，随后又是翻白眼，又是吐泡沫，但是他们这么做，既不是想说点什么，也不是想吓唬人。他们这样做完全是出于习惯。他们需要什么，就拿什么。你还不能说他们采取了武力。当他们想要什么的时候，所有人都只能走到一边，任凭他们为所欲为。

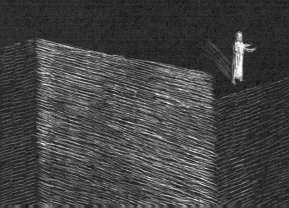

从我们的库存中，他们也拿去了不少好的鞋子。可是，每当我看到例如对面那位肉店老板的遭遇，我对自己的不幸就不会抱怨。他刚刚卸下一批货，马上就被这些游牧民族一抢而空，吞食下肚。他们的马也要吃肉。经常是一个骑兵躺在他的马旁边，各咬一端，双双共享一块肉。这个屠夫胆小怕事，不敢停止供肉。可是我们明白他的处境，集资援助他。要是这些游牧民族得不到肉，谁知道他们会做出什么事来；就算他们每天都有肉吃，谁知道他们还会想出什么点子来。

前不久，肉店老板想，他至少可以免去屠宰时的辛苦，于是在某天早上牵来了一头活的公牛。这事他不该再做了。大约一个小时的时间，我平躺在店铺后面凹室的地板上，把我所有的衣服、被单、垫褥一股脑地堆在身上，只是为了不要听见那头公牛的吼叫声，原来那些游牧人从四面八方向它扑去，用牙齿一块一块地撕吃它那温热的肉。长时间的寂静之后，我才壮着胆子走了出去。他们像一群围着酒桶的酒徒，精疲力竭地躺在这头公牛的残骸周围。

寻找卡夫卡

就在那时，我以为自己看到了站在皇宫一扇窗户后面的皇帝本人。平时，他从不到宫殿的这些外部的房间来，他总是生活在里面的花园中。然而这一次，至少我是这样感觉，他却站在一扇窗户旁边，正低头看着宫前发生的事情。

　　"这样下去会有什么结果？"我们大家不约而同地问道，"这种负担和折磨，我们还要忍受多久？皇帝的宫殿引来了这些游牧人，但它却没有办法把他们赶走。宫门一直紧闭着——往常总是隆重地进出宫门的卫队，眼下全躲到了装了铁栅的窗户后边。拯救祖国的重任落在了我们这些工匠和商人身上：这样的任务我们可是担当不起；我们也从来没有自夸过能担此重任。这完全是一场误会——而我们将毁于这个误会。"[1]

1　见叶廷芳主编《卡夫卡全集（插图本）》（第1卷），中央编译出版社2015年版，有改动。

逃往柏林
及
重返布拉格

1922 年 7 月 1 日，卡夫卡终于得以退休。得知这个消息时，卡夫卡正住在卢日尼采河畔普拉纳[1]，这个城市当时是捷克著名的疗养胜地，连总统马萨里克[2]也曾到此疗养。但住在这里并没有给卡夫卡带来什么好处：噪声使卡夫卡饱受折磨，他经历了几次精神崩溃，决定结束长篇小说《城堡》的写作。回到布拉格之后，他成天想着要尽快逃离这个据他所说十分狭小的城市。认识了多拉·迪亚曼特之后，卡夫卡终于搬到了柏林，然而过了几个月，他的健康状况明显恶化了。

1　普拉纳（Planá nad Lužnicí），捷克南摩拉维亚州的一个城镇。
2　托马斯·马萨里克（Tomáš Garrigue Masaryk）（1850—1937 年），政治家、哲学家、社会学家、教育家，捷克斯洛伐克首任总统（1918—1935 年）。

寻找卡夫卡

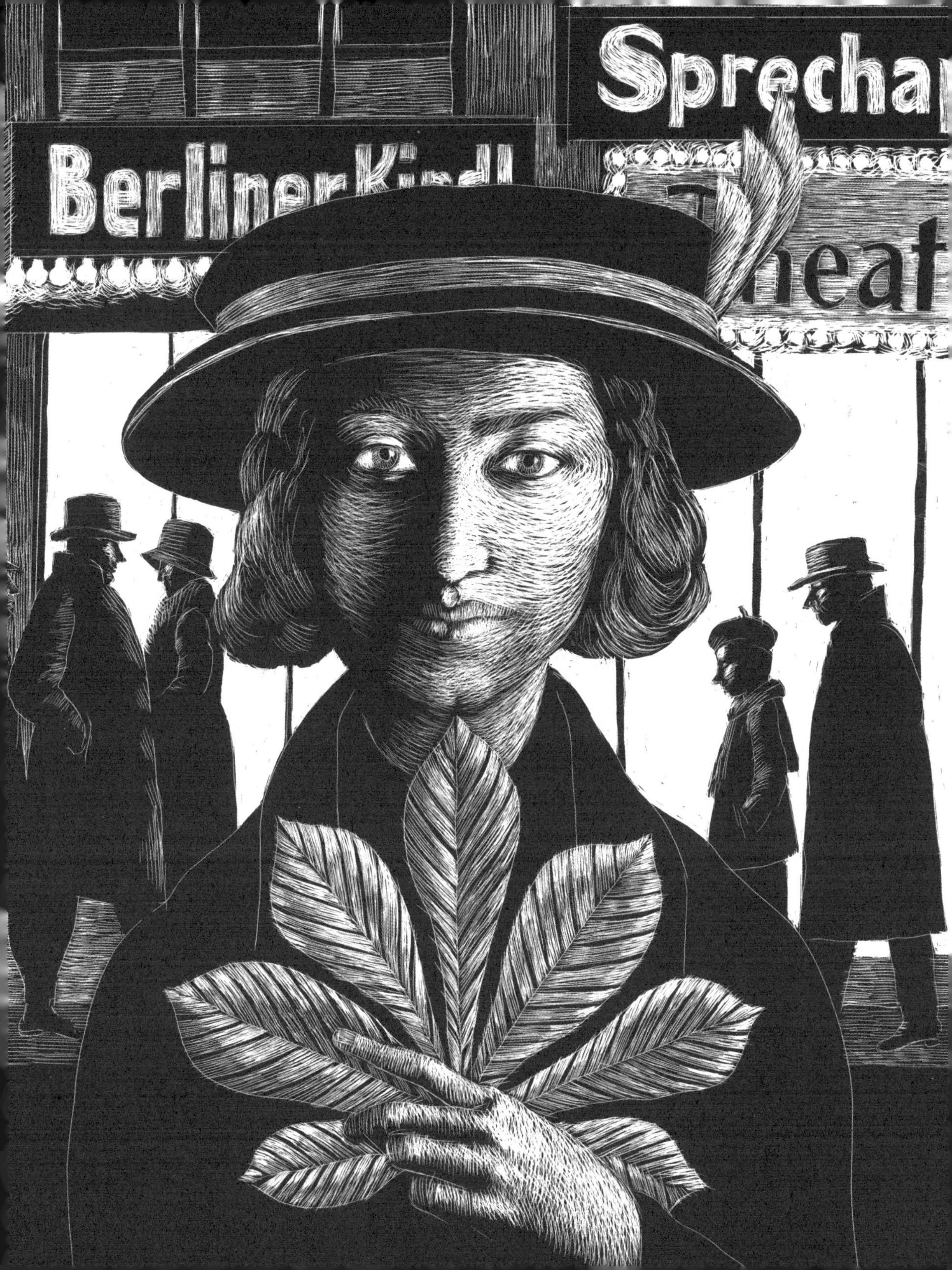
Sprecha
BerlinerKindl
heat

健康状况
恶化

1924 年 3 月，卡夫卡的舅舅西格弗里德和最紧密的好友马克斯·布罗德都劝他回布拉格去。接着，卡夫卡相继在几家奥地利疗养院住了一段时间。他被诊断患有喉结核症，几乎无法进食和说话。多拉一直和他在一起，和他一起给家里写信。6 月 3 日，卡夫卡在维也纳附近的基尔林疗养院逝世。

最亲爱的父母：
你们有时会提起要来看我。我日复一日地考虑这件事，因为这对我来说是一件非常重要的事情……你们还要考虑到，我只能轻声说话，即使这样也不能说太多，所以你们最好也推迟来访。一切都在朝好的方面发展——最近有一位教授查出我的喉咙状况有根本性好转……如同所说的那样，一切都处于最佳的起始阶段，但是最佳的开端本身并不能说明什么；如果要向来访者——而且还是像你们这样的来访者——总结那些不大的、尽管毫无争议的进展，我姑且还是闭嘴为好。我们要不就暂时把这件事放在一边吧，亲爱的父母？ [多拉·迪亚曼特手迹]

我从他手中接过了这封信。写这封信对他来说已经很不容易了。从他的请求来看，剩下的几行字非常重要：……[信的结尾] （节选自写给家人的信，1924 年）

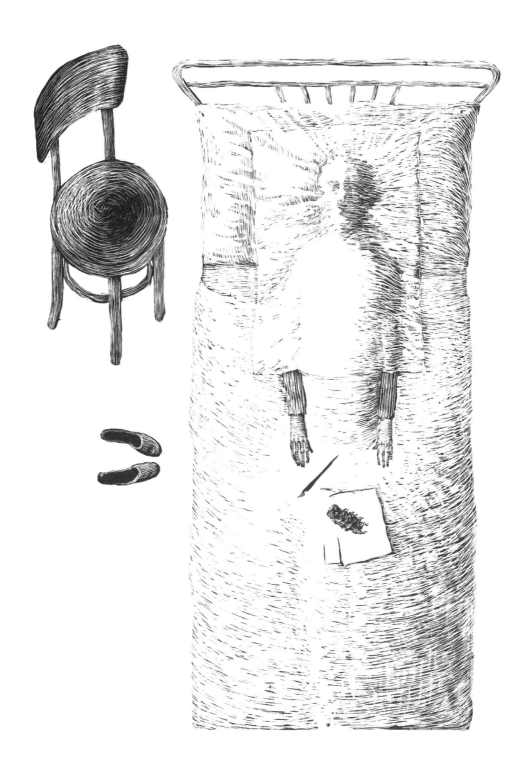

无情的
结局

1924 年 6 月 11 日，卡夫卡在布拉格斯特拉施尼采区的新犹太公墓下葬，之后，悲痛不已的多拉遵照卡夫卡家人的要求，以卡夫卡合法妻子的身份收下了他的稿费。葬礼过后一个星期，布拉格小城剧院举办了追悼会，内容是名人致辞及诵读卡夫卡作品选段，有一百多人参加。报纸上也登了几篇讣告，最引人注目的是 7 月 6 日《民族报》刊登的米莲娜·耶申斯卡所写的那篇：

前天，布拉格的德语作家弗兰茨·卡夫卡博士在维也纳附近的克洛斯特新堡[1]的疗养院去世。当地知道他的人很少，因为他性格孤僻，是那样一个有先见之明的、为生活恐惧的人；他常年肺病缠身，治好了之后，又故意引发肺病，思想上支持它。"如果精神和心脏不堪重负，就各拿一边的肺，以便重量至少分配得稍微均匀些。"有一次，卡夫卡在信中这样写道，他的病也是这样。

……卡夫卡腼腆、忧虑、温和、善良，但他写的书却冷酷无情。他眼里的世界充斥着无形的恶魔，它们摧毁着、撕扯着手无寸铁的凡人。卡夫卡十分有

1　奥地利东部的一个城市。

远见。他太过睿智，以至于不会生活；他太过软弱，以至于不能利用高贵的、美好的弱点战斗，这类弱点属于那些不能够和源于误解、刻薄、智慧的谎言和先见之明的恐惧做斗争的人，他们是如此无能为力，如此受制于人，战胜了他们的人都要蒙羞。他所有的作品都叙述了对人与人之间神秘的误解和偶然产生的责任的恐惧。他是一个良心如此忧虑的普通人和艺术家，以至于连其他聋人感到安全的地方在哪儿都能听见。

卡夫卡家其他人的命运也一样悲惨——他的三个妹妹都因为犹太人身份死于集中营。因此，为了保护丈夫和女儿，奥特拉最后和不是犹太人的丈夫离了婚，自己一个人到纳粹的机关报到。在泰瑞津集中营[1]的时候，奥特拉帮忙照顾孩子，并自愿陪同来自波兰的成千上万个孤儿。1943 年 10 月，奥特拉和这些孩子一起被送往奥斯维辛灭绝营[2]，到达之后，所有人都惨遭杀害。

奥特拉的女儿薇拉·绍德克[3]常想起自己童年时期的舅舅，她于 2015 年 8 月 3 日在布拉格逝世，享年 94 岁。她的儿子沃伊捷赫·绍德克[4]翻译了部分卡夫卡写给家人的信，并筹备了出版工作。

1　泰瑞津集中营（Terezín），第二次世界大战时期捷克境内最大的纳粹集中营。
2　二战期间最大的纳粹集中营和灭绝营，位于波兰奥斯维辛小镇。
3　薇拉·绍德克（Věra Saudkova）（1921—2015 年），捷克编辑、翻译家。
4　沃伊捷赫·绍德克（Vojtěch Saudek）（1951—2003 年），捷克作曲家。

知名
标志性
人物的传奇

我们从卡夫卡同时代人的回忆中得知，卡夫卡在给朋友们朗诵自己的作品时，常常放声大笑。他又会以怎样的方式谈起围绕着他的生活和作品展开的传说和逸事呢？

作家多次嘱咐马克斯·布罗德在他死后把他所有未出版的作品手稿销毁。但他朋友完全违背了他的要求：布罗德不仅出版了卡夫卡的小说，还出版了他的日记、信件和传记。他以这种方式参与缔造了弗兰茨·卡夫卡今日在世界文坛中的神话。

卡夫卡的作品首先在 20 世纪 30 年代发行的法语译本和英语译本中得到反响。人们直至今日仍力图从心理学、哲学，甚至宗教解释等方面来理解他的作品，每个人都在他的作品中看到了不同的东西。卡夫卡文字的卓越之处就在——每个人都能按照自己的想法来理解，在许多方面，卡夫卡的文字超越了自己的时代。如今，我们也能用现代的眼光来阅读卡夫卡的作品。

因此，弗兰茨·卡夫卡的名字也成了吸引媒体兴趣的招牌。在力图跟卡夫卡攀亲带故的人之中，有一个是卡夫卡以前的熟人格雷特·布洛赫，她是卡夫卡未婚妻菲利斯·鲍尔的女友。1940 年，她放出消息，说自己和卡夫卡育有一子，被送到了寄养家庭，二十岁出头就死了。不过，文学史家们认为这件事完全是无稽之谈。

还有两个认识作家的人利用了他死后的名望。第一位是记者、作家米哈尔马瑞施[1]，他是捷克无政府主义运动的重要人物。在自己的回忆录选集中，他把弗朗茨卡夫卡描述成一个思想左倾的知识分子，和《好兵帅克》的作者雅罗斯拉夫哈谢克有往来。第二个故弄玄虚的人，作家古斯塔夫·雅诺赫[2]，还要更出格一点：在 1951 年首次出版的《卡夫卡谈话录》中，他把卡夫卡描述成自己的一个亲密好友，把一些好像是卡夫卡会说的话塞进他嘴里……但这些话肯定不是卡夫卡说的。这两位先生彻底把卡夫卡的研究者们搞糊涂了，现在一般把他们两人的作品当成文学赝品。

1　米哈尔·马瑞施（Michal Mareš）（1893—1971 年），捷克作家、诗人、记者。
2　古斯塔夫·雅诺赫（Gustav Janouch）（1903—1968 年）。

饥饿
艺术家

短篇小说《饥饿艺术家》是卡夫卡的晚期作品，于 1922 年首次出版。一些人在其中看出了卡夫卡对待食物的困难态度对作品的影响，特别是在他患病的时期。和卡夫卡同一时期的其他作品一样，《饥饿艺术家》讲述了观众在富有创造性的成果面前展现出了无情的不理解。在这一点上，卡夫卡也超越了自己的时代，并预见到未来的读者和研究者将以怎样的兴致寻觅自己文本里的内涵。

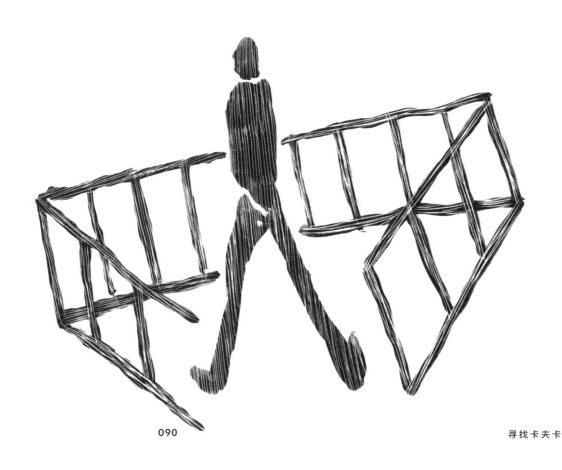

"艺术永恒！[1]"

以前是另一种时代。当时，饥饿艺术家风靡全城：每个人每天至少要观看一次。就是夜间也有人来参观。

1 原文为拉丁语，后半句为"生命短暂"。

天气晴朗的时候，就把笼子搬到露天场地，这样做主要是让孩子们来看看饥饿艺术家。他还把手臂伸出栅栏，让人亲手摸一摸，看看他是多么消瘦。看守人员的任务是日夜看住这位饥饿艺术家，绝不让他有任何偷偷进食的机会。

　　有些夜班看守管得很松，很明显，他们是有意让他稍微吃点东西。但在他们值班期间，饥饿艺术家不断唱着歌，以便向这些人表明，他们的怀疑是多么地有失公允。

另一些看守人员紧挨着笼子坐下来，让饥饿艺术家甚为满意。刺眼的光线对他毫无影响，入睡固然是不可能的。然而谁都不可能夜以继日、一刻不停地看着饥饿艺术家。

因而谁也无法根据目睹的事实证明他是否真的持续不断地忍受着饥饿，一点漏洞也没有，这只有饥饿艺术家自己才能知道。只有他知道，饥饿表演是一件如此容易的事。这实在是世界上最轻而易举的事情了。

经理规定的饥饿表演的最长期限是四十天，因为再往后观众的兴趣就会减弱，表演场就会门庭冷落。到了第四十天，插满鲜花的笼子的门就会打开，观众兴高采烈，半圆形的露天剧场座无虚席。

在这种时刻，饥饿艺术家总是加以拒绝。为什么在他的饥饿表演最出色的时候就要停止呢？为什么要剥夺他达到这一境界的荣誉呢？

经理说了些祝酒词，称赞饥饿艺术家高贵的努力和伟大的自我克制精神。

有一天，这位备受观众喝彩的饥饿艺术家发现自己被那群爱热闹的人们抛弃了，他们纷纷涌向别的演出场所。于是他告别了经理，感谢他所做的一切，然后让一个大马戏团招聘了去。

　　要是观众在演出的休息时间涌向兽场去观看野兽的话，几乎免不了要从饥饿艺术家面前经过，并在那里稍停片刻，而后面涌来的人不明白为什么要在这条通道上停留。混乱中充斥着各种骂人的话。

兽场散发的臭味、野兽们夜间的闹腾、给食肉兽分发生肉的声响和喂食料时它们的叫唤，这一切把饥饿艺术家搅得多么不堪，让他备受折磨。记录饥饿表演日程的布告牌早已无人更换，因为记录的人很快就厌倦了这项工作。

　　一天，有一个管事发现了这个笼子。他用几根棍子挑起腐旧的干草，发现饥饿艺术家在里面。

　　"你还一直不吃东西？"

　　"我只能挨饿。因为我找不到适合自己胃口的食物。如果我找到了这样的食物，我会像大家一样吃得饱饱的。"

人们把饥饿艺术家连同腐草一起埋了。笼子里换上了一只小豹子。

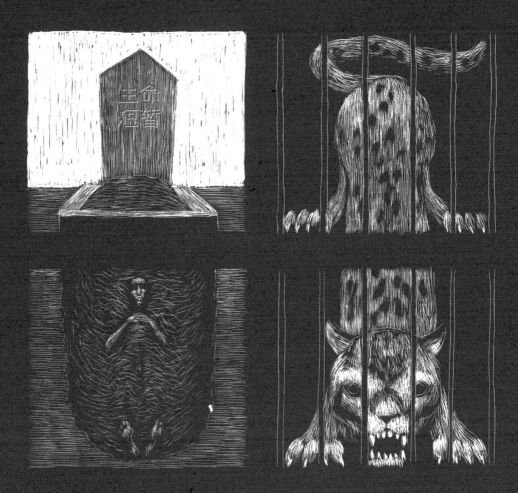

　　它那高贵的身躯好像随身带着自由，生命的欢乐从它口中如此强烈地迸发出来，以至于观众很难招架得住。[1]

1　　见叶廷芳主编《卡夫卡全集（插图本）》（第 1 卷），中央编译出版社 2015 年版，有改动。

弗兰茨·卡夫卡的
长篇小说

　　卡夫卡生前只出版了短篇小说和短篇小说集，他的名望主要归功于逝世后才出版的三部小说：《审判》、《失踪的人》和《城堡》。在这几部作品中，卡夫卡首先用大量篇幅准确描绘了不再理解世界的现代人身处其中的疏离感。

　　长篇小说《审判》写于1914年。卡夫卡的手稿上原先并没有书名——直到马克斯·布罗德以作家日记中的注释为基础为这部作品取了一个名字。1925年，布罗德首次在柏林出版这部作品，并确定了章节顺序。这部长篇小说中的十个章节都发生在不明确的环境当中（这个环境与布拉格当时的情况非常相似），小说的主人公，银行职员约瑟夫·K，在许多方面都很像作家本人。

　　在自己三十岁生日当天，约瑟夫·K被两位官员逮捕了，

但是他们没有说出逮捕他的理由。在整个审判过程中，约瑟夫也不知道自己究竟受到了什么指控。庭审在各种各样不同寻常的地方举行（例如公寓大厦里的阁楼），在庭审期间可以自由审讯被告。一开始，K觉得自己是无辜的，但他逐渐产生了不明不白的负罪感。在教堂里，他听神父讲了一个男人的故事，这个男人来自乡村，是法律的守门人——这是一个关于法律大概是如何运行的深刻寓言。在自己三十一岁生日的前夜，约瑟夫·K再次在公寓里被捕。一对官员把他带到了位于城市边缘的采石场，约瑟夫在那里接受判决：被刀直插心脏致死。

像其他作品一样，卡夫卡没有写完长篇小说《审判》。《失踪的人》手稿也尚未完成，是卡夫卡从1912年到1913年间所写。1927年，马克斯·布罗德以"美国"为题出版了这本书。这本书的主人公是一个十六岁的年轻人卡雷尔·罗斯曼，他被家人送去了美国。这本书里不仅有卡夫卡对新大陆天马行空的想象，还写了现代社会造成的忧虑，让人心悦诚服，至今仍然有现实意义。

第三本小说名为《城堡》，写于1922年，1927年首次出版。小说主人公是一个名叫K的土地测量员，他来到了城堡管辖下的一个村庄。他试图和当地的官员取得联系，弄清楚工作的内容，但是徒劳无功——他难以接近他们介绍的那个名叫克拉姆的人。他逐渐知道了城堡的机构是如何运作的，可是无论他怎么努力都无法穿透城堡的围墙。长篇小说《城堡》也没有写完，因此我们也只能凭空猜测K是否到达了目的地。

2015年6月，以色列的司法机关做出了一项引人关注的决定：当地的最高法院判定，现卡夫卡文学遗物的所有人——马克斯·布罗德秘书的女儿——必须将所有的文件转交给耶路撒冷国家图书馆。这些文件中很可能包括到目前为止还未公开的信件、短篇小说草稿和卡夫卡的无名素描。我们可以期待未来会有更多惊喜出现。

卡夫卡式
国度中的
卡夫卡

卡夫卡在捷克文学界艰难地生存着：他在作品中准确描述了处于权力机器之中个体的绝望，这与当时不同政党的观念不合。因此他的作品在很长的一段时间内被认为是堕落腐化的，没有出版的机会。捷克人常常能想起"卡夫卡式"（kafkárna）的概念：如今，这个词用来表示违背个人意志的荒诞情境，例如与政府机关无望的谈判。同样的词也出现在了捷克作家博胡米尔·赫拉巴尔[1]的一部短篇小说中，赫拉巴尔有时也被称为卡夫卡的继承人。

卡夫卡重返捷克文学的历程也是"卡夫卡式"的。长篇小说《审判》的首个捷克语译本直到 1957 年才出版。在整个社会逐渐解禁的过程中，卡夫卡的其他作品相继出版，不断增长的对卡夫卡文学创作的兴趣也随之出现，出现了许多灵感来源于卡夫卡的造型艺术作品。卡夫卡的文字在地下出版界广为流传，也加深了文学专家们的兴趣。1963 年，在利布利策城堡（Zámek Liblice）[2] 举办了著名的弗兰茨·卡夫卡专业研讨会。在这里，文学家们争论卡夫卡的作品是否可以，以及应该如何在社会主义国家得到阅读和诠释。结论是卡夫卡依然具有现实意义，这次研讨会成了 20 世纪 60 年代末捷克斯洛伐克政治和社会短暂解禁的诱因之一。

1968 年 8 月，华沙条约组织军队占领捷克斯洛伐克之后，开始了对一切民主行动的暴力镇压。弗兰茨·卡夫卡的作品遭禁，公共图书馆清除了他的书，整个国家笼罩在一片浓密的灰色恐惧之中，这种灰暗和卡夫卡小说中所描写的如出一辙。

一个小民族的记忆力并不比一个大民族的记忆力差，因而它对这些材料领悟得更为彻底。 （节选自卡夫卡的日记，1911 年 12 月 25 日）

1　博胡米尔·赫拉巴尔（Bohumil Hrabal）（1914—1997 年），捷克作家，善于描写生活在底层的小人物。
2　位于中波西米亚州梅尔尼克县附近的利布利策小城。

K 先生，招揽游客的产品

1989 年年末天鹅绒革命之后，捷克人自然而然地恢复了对卡夫卡的兴趣。就在第二年，弗兰茨·卡夫卡协会（以下称卡夫卡协会）在布拉格成立，本着从前捷克 – 德国 – 犹太人的共存精神，该协会致力于维护卡夫卡留下的文学遗产。卡夫卡协会牵头出版了卡夫卡全集的捷克语译本，为全世界的重要作家颁发弗兰茨·卡夫卡文学奖，获奖者包括日本小说家村上春树，他写下了非常著名的（同时也是非常特别的）长篇小说《海边的卡夫卡》。

每年吸引无数游客来到布拉格的，不仅仅是卡夫卡的作品，还有对卡夫卡的个人崇拜，这种崇拜表现在纪念牌匾、博物馆和各式各样的旅游纪念品当中。"卡夫卡的布拉格"成了一个空洞的词语。卡夫卡一家的墓位于新犹太墓地，紧挨着布拉格奥尔杉尼区（Olšany），这里成了游客蜂拥而至的必游景点之一。但是这些游客当中，又有谁会真的去了解卡夫卡的内心呢？关于卡夫卡的书籍浩如烟海，成书时间距今已有一个多世纪，其中的内容在今天还适用吗？

玩偶邮局：

弗兰茨

和孩子

　　卡夫卡的女朋友多拉在后来的一次访谈中说，弗兰茨·卡夫卡住在柏林的最后一年发生了许多有趣的事。卡夫卡住在柏林的施泰格利茨区。1923年秋季的某一天，他们在施泰格利茨区的公园里遇到了一个哭泣的小女孩。他们开始和她交谈，当弗兰茨得知这个小女孩弄丢了玩偶之后，马上用轻松的口吻对她说："你的娃娃旅行去啦。我知道的，她给我写了信。"

　　小女孩想看看那封信，所以那位不认识的先生化身邮递员，向她许诺，明天就把信交给她。卡夫卡十分认真地对待这项任务，这些据说是那个玩偶寄来的信，他写了整整三个星期，就是为了让小女孩相信玩偶是真正爱她的。最后，卡夫卡为玩偶安排了一场在国外的婚礼，以此解释她最后为什么会消失。全世界一代又一代的卡夫卡研究者一直在寻觅这些信和那个小女孩的踪迹，但一无所获。

　　一些作家甚至开始想象，浪迹天涯的玩偶给卡夫卡寄来的信会是什么样子。这位卓越非凡的男人去世以后，出现了大量和他有关的传说，这整个故事可能也只是传说之一。如果这是真的呢？也许此时此刻，在柏林的某个地方，有一位已到期颐之年的老太太微笑着回想起那位头戴黑色礼帽、身形瘦削的先生。在她的记忆中，他一向是一个善良的人。一个属于自己那个时代，也属于我们这个时代的人。

波西米亚

和

摩拉维亚地图

[1] **布拉格附近的罗兹托基**（Roztoky）1900 年，卡夫卡一家住在这里的夏屋，卡夫卡在这里经历了第一次热恋。

[2] **金山镇**（Zlaté Hory）1905 年和 1906 年，卡夫卡住在施魏因堡医生的疗养院里，以便接受水疗，进行按摩，在周围散步。

[3] **特里施**（Třešť）1907 年 8 月，弗兰茨给马克斯·布罗德的信中描述了在舅舅西格弗里德家度过的暑假："我经常骑摩托车，游泳，光着身子在池塘边的草丛里一躺就是好久……"

[4] **弗拉基斯拉维采**（Vratislavice）利贝雷茨市附近的小城有一座地毯工厂，卡夫卡曾在此检查工人们工作的安全状况——他也曾到附近的弗里德兰特、瓦恩斯多夫、伦布尔克、尼斯河畔赫拉德克等地出差。

[5] **利贝雷茨**（Liberec）卡夫卡非常满意这座城市里的素食餐厅——2003 年之后，这家餐厅在原来的位置重新营业。

[6] **玛利亚温泉市**（Mariánské Lázně）1916 年，卡夫卡和菲利斯一起住在西波西米亚的著名温泉城。

[7] **曲劳**（Siřem¹）这个村庄如今是捷克啤酒花的产地，卡夫卡曾来此地的庄园找妹妹奥特拉避难。

[8] **什莱森**（Želízy²）在当时很有名的科科辛斯科疗养院里，卡夫卡认识了尤丽叶·沃里泽克。

[9] **卢日尼采河畔普拉纳**（Planá nad Lužnicí）1922 年，作家就是在这里决定终止长篇小说《城堡》的写作。

1　德语为 Zürau。
2　德语为 Schelesen。

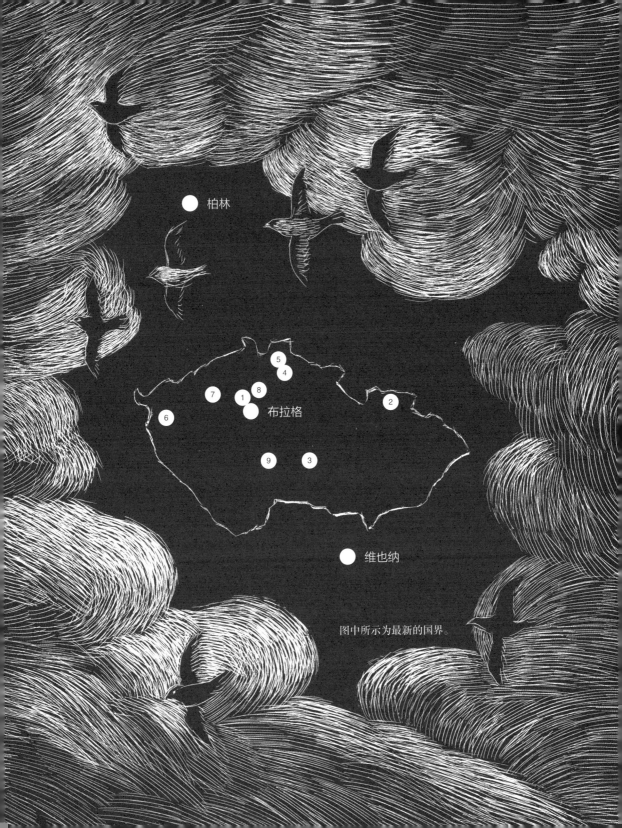

柏林

布拉格

维也纳

图中所示为最新的国界。

中欧
地图

[1] 黑尔戈兰岛 北海上的一个小岛。为了奖励卡夫卡通过高中毕业考试，1901年，卡夫卡和舅舅西格弗里德一起来此游玩。

[2] 德累斯顿 1903年夏季，在当地的白鹿疗养院，卡夫卡尝试了热门的自然疗法，这种疗法主要以晒太阳、游泳和健康饮食为基础。1914年，卡夫卡住在德累斯顿郊区的海勒劳（Hellerau）艺术家聚居地。

[3] 里瓦德尔加尔达 1909年，卡夫卡和布罗德从意大利北部的避暑圣地出发，乘飞机前往布雷齐亚，他们在那里兴高采烈地观看了飞行表演。

[4] 巴黎 每一个年轻艺术家都必须去一次巴黎，参观大名鼎鼎的蒙马特高地——卡夫卡和布罗德多次到此旅行。弗兰茨在1913年返回这里。

[5,6,7] 苏黎世、卢塞恩、卢加诺 1911年假期旅行的瑞士目的地。

[8] 魏玛 1912年，卡夫卡和布罗德循着约翰·沃尔夫冈·冯·歌德的足迹游览了德国图尔根州的这个古老闻名的城市。

[9,10,11] 米兰、威尼斯、维罗纳 1913年9月，卡夫卡踏上了去意大利的旅途，以便利用这个机会慎重考虑和菲利斯的关系。

[12] 柏林 卡夫卡前往德国大都市找菲利斯，后来他和多拉一起搬到这里。

[13] 梅拉诺 南蒂罗尔州著名的天然温泉疗养地，现在属于意大利。1920年，卡夫卡在此疗养。

[14] 维也纳 1920年，卡夫卡和米莲娜·耶申斯卡一起在这里待了四天。

[15] 上塔特拉马特里埃勒 卡夫卡在上塔特拉山镇的疗养院认识了医学生罗伯特·克洛普施托克——在卡夫卡逝世后的一个小时，克洛普施托克和多拉一起在他身旁陪伴着他。

[16] 格拉尔－米里 波罗的海沿岸著名的温泉城。1923年，卡夫卡在此居住期间认识了最后一任女友。

[17] 克洛斯特新堡－基尔林 1924年6月3日，弗兰茨·卡夫卡在这家疗养院结束了自己的人生旅程。

布拉格

图中所示为 1914 年的国界。

进一步

了解

弗兰茨·卡夫卡

卡夫卡作品全集

包括作家的长篇小说、短篇小说、格言警句、日记和书信，捷克语版本共分十三册，1997 年至 2007 年由布拉格弗兰茨·卡夫卡协会负责出版。

其他作家眼中的卡夫卡（部分）

于尔格·阿曼：《玩偶来信》，玛德琳·什图尔茨娃译，阿尔沙出版社，兹林，2010 年。

马克斯·布罗德：《布拉格的圈子》，米海尔拉雅各布森诺娃、伊万娜赫维兹达洛娃译，阿克罗波利斯出版社，布拉格，1993 年。

约瑟夫·切尔马克：《弗兰茨·卡夫卡的布拉格》，信天翁出版社，布拉格，2008 年。

约瑟夫·切尔马克：《以写作为名的比赛：弗兰茨·卡夫卡的命运》，B4U 出版社，布拉格，2009 年。

尤迪塔·马蒂亚索娃：《和弗兰茨·卡夫卡一起旅行》，扬·因德拉摄影，学术出版社，布拉格，2009 年。

罗曼娜·内德洛娃：《阿姆舍尔》，伽林出版社，布拉格，2013 年。

霍尔迪·谢拉·伊·法布拉：《卡夫卡和旅游玩偶》，哈娜·本波娃译，信天翁出版社，布拉格，2011 年。

赖内·施塔赫：《早期的卡夫卡，1883—1911》，弗拉基斯拉夫·斯莱扎克译，阿尔戈出版社，布拉格，2016。

阿莱那·瓦格纳洛娃：《不满的焦点：赫尔曼·卡夫卡和他的家庭》，空间出版社，布拉格，2003 年。

漫画中的卡夫卡（部分）

罗伯特·克拉姆 – 大卫·马洛维茨：《卡夫卡》，哈娜·劳帕洛娃译，门户出版社，布拉格， 2003 年。

弗兰茨·卡夫卡 – 雅罗米尔 99 – 大卫·马洛维茨：《城堡》，参考弗拉基米尔·卡夫卡的译本，迷宫出版社，布拉格，2003 年。

弗兰茨·卡夫卡 – 尚塔尔·蒙特利尔洛娃 - 大卫·马洛维茨：《审判——绘画小说》，维克多·雅尼施译，BB/art 出版社，布拉格，2009 年。

电影（部分）

《审判》（1962 年，奥森·威尔斯导演）

《变形记》（1975 年，扬·南曼奇导演）

《卡夫卡》（1991 年，史蒂芬·索德柏导演）

《审判》（1993 年，大卫·休·琼斯导演）

《美国》（1994 年，弗拉基米尔·米哈莱克导演）

《城堡》（1997 年，迈克尔·哈内克导演）

博物馆馆藏

卡夫卡博物馆，位于布拉格 1 区——小城砖厂路 2b 号的赫尔哥特砖厂。

纪念碑

弗兰茨·卡夫卡中心，位于布拉格 1 区——约瑟夫城宽街 14 号。

弗兰茨·卡夫卡纪念碑，捷克雕塑家雅罗斯拉夫·罗纳制作的青铜雕像，位于布拉格 1 区——约瑟夫城教堂街和监狱街交界处西班牙会堂附近。

弗兰茨·卡夫卡的雕像，由捷克雕塑家大卫·切尔尼制作，高 11 米，可移动，位于布拉格 1 区——新城民族大街地铁站附近的购物中心旁边。